OTROS LIBROS DE MIKE MICHALOWICZ

El empresario del papel higiénico
El Gran Plan
La ganancia es primero
El Sistema Clockwork
Un paso a la vez

Sé DIFERENTE

Sé diferente

¡Marketing que no puede ignorarse!

Mike Michalowicz

conecta

El papel utilizado para la impresión de este libro ha sido fabricado a partir de madera procedente de bosques y plantaciones gestionadas con los más altos estándares ambientales, garantizando una explotación de los recursos sostenible con el medio ambiente y beneficiosa para las personas.

Sé diferente
¡Marketing que no puede ignorarse!

Título original: *Get Different. Marketing That Can't Be Ignored!*

Primera edición: abril, 2022

D. R. © 2021, Mike Michalowickz

Esta edición se publica bajo acuerdo con Portfolio,
un sello de Penguin Publishing Gorup, una división de Penguin Random House LLC.

D. R. © 2022, derechos de edición mundiales en lengua castellana:
Penguin Random House Grupo Editorial, S. A. de C. V.
Blvd. Miguel de Cervantes Saavedra núm. 301, 1er piso,
colonia Granada, alcaldía Miguel Hidalgo, C. P. 11520,
Ciudad de México

penguinlibros.com

D. R. © 2021, Elena Preciado, por la traducción

Penguin Random House Grupo Editorial apoya la protección del *copyright*.
El *copyright* estimula la creatividad, defiende la diversidad en el ámbito de las ideas y el conocimiento, promueve la libre expresión y favorece una cultura viva. Gracias por comprar una edición autorizada de este libro y por respetar las leyes del Derecho de Autor y *copyright*. Al hacerlo está respaldando a los autores y permitiendo que PRHGE continúe publicando libros para todos los lectores.

Queda prohibido bajo las sanciones establecidas por las leyes escanear, reproducir total o parcialmente esta obra por cualquier medio o procedimiento así como la distribución de ejemplares mediante alquiler o préstamo público sin previa autorización.
Si necesita fotocopiar o escanear algún fragmento de esta obra diríjase a CemPro (Centro Mexicano de Protección y Fomento de los Derechos de Autor, https://cempro.com.mx).

ISBN: 978-607-381-424-9

Impreso en México – *Printed in Mexico*

Este libro va dedicado a ti, mi lector.

Visita immersewithmike.com y experimenta este libro conmigo mientras lo lees.

¡Hagámoslo juntos!

Índice

Introducción 11

CAPÍTULO UNO. Tu responsabilidad de hacer marketing 13

CAPÍTULO DOS. La Estrategia DAD de marketing 33

CAPÍTULO TRES. Cien objetivos 55

CAPÍTULO CUATRO. Diferenciarse por atención 75

CAPÍTULO CINCO. Atraer para retener 111

CAPÍTULO SEIS. Dirigir para obtener resultados 133

CAPÍTULO SIETE. Experimentar, medir, amplificar, repetir ... 153

CAPÍTULO OCHO. Cómo saber si funciona 177

CAPÍTULO NUEVE. La ventaja de la desventaja 193

CAPÍTULO DIEZ. Reimagina tu negocio 207

CIERRE. Crece, pero no madures 219

Apéndices 225
Nota del autor 235
Agradecimientos 236

Introducción

Sí, no.

Introducción schmintroducción. Vamos al grano. Tú y yo tenemos un trabajo crucial (del tipo de vida o muerte para tu negocio).

Ofreces algo que las personas necesitan, que les encantará. O, al menos, que *les encantaría* si supieran de él. ¿Qué tan bueno es lo que ofreces si nadie sabe que existe?

La falta de marketing (bueno, efectivo, *diferente*) lleva a los pequeños negocios a la mediocridad y a un retraso en su crecimiento. Muchos productos y servicios excelentes languidecen en la oscuridad. No lo toleraremos. Al terminar este libro, nos aseguraremos de que seas visible y obtengas resultados en un mercado lleno.

¿Estás listo?

¡Vamos a promocionar tu negocio!

Capítulo uno
Tu responsabilidad de hacer marketing

Sí inhalé.

Yanik Silver sopló una nube de humo de marihuana directo a mi cara. Sólo tuve una opción: inhalarla.

Nunca pensé que mi mayor lección en marketing sería durante un juego de billar, coronada con un signo de exclamación de marihuana. Fue una *borregueada* que duró toda la vida.

Muchas personas consideran a Yanik el padrino del marketing en internet. Ayudó a innovar en el uso del marketing por correo electrónico en sus primeros días, cuando la gente todavía esperaba escuchar la icónica notificación de AOL: "Tienes un correo". Cuando la gente pensaba que un sitio de internet innovador era el que tenía un GIF animado de "en construcción", fue pionero en las páginas de venta con imágenes de producto profesionales y botones claros. La habilidad de Yanik en marketing le dio la compañía de sus sueños: Maverick1000. Creó una red global como manifestación del propósito de su vida: apoyar a emprendedores visionarios a hacer crecer sus negocios y a tener un mayor impacto en el mundo.

Yo acababa de lanzar mi primer libro, *El empresario del papel higiénico*, y caí redondo en la creencia de que "un buen libro se vende solo". Creía tanto en eso que temía que los ejemplares se terminaran en el primer mes. Después de todo, *si lo crees lo creas*, ¿no? O como dicen en la película *Campo de sueños*: "Si lo construyes, vendrán". Así que junté dinero con amigos, vacié mi cuenta de ahorros titulada "rómpase sólo en caso de emergencia extrema" y pedí 20 mil ejemplares de tapa dura, los cuales estaban en un solo centro de distribución, juntando polvo. El lanzamiento de mi libro fracasó. El primer día vendí cero ejemplares. Zippo. Nada. Zilch. Nadita. ¿Me entiendes? Ni mi madre compró un libro ese día, ouch.

Derrotado, tenía dos opciones: aprender a publicitar de manera efectiva, *rápida*, o abandonar mi sueño. Pero ¿por dónde empezar? En aquel momento, las estrategias usadas por algunos especialistas en marketing exitosos me daban náuseas. El marketing online en 2005 se había convertido en algo tan común que quienes lo hacían tenían un título: infomarketer. Al menos, así les decían de frente. A sus espaldas, a esos charlatanes se les llamaba con nombres que no repetiré aquí. Sabes de quién estoy hablando. Un tipo que se para frente a un jet privado (que no es suyo) en la pista (a la que se coló), recargado en un Bentley nuevo (que rentó por unas horas) y te promete el mundo. Sus métodos eran asquerosos y falsos en el mejor de los casos... manipuladores y predadores en los peores.

Yanik siempre desarrolló un papel más allá de la táctica del mes y no necesitaba *probar* que sabía hacer lo suyo con fotos y mensajes falsos. Yanik publicitaba de manera auténtica, genuina, real y *por eso* busqué su consejo.

Deseaba de manera desesperada que la gente notara mi libro, pero no quería usar esas repugnantes tácticas aduladoras. Así que en vez de eso traté de seguir la *checklist de marketing de libros* de la forma en que se supone que todos los autores publicitan: enviar un comunicado de prensa, hacer una fiesta de lanzamiento, comenzar un blog, obtener el respaldo de alguien de renombre, pero todos mis esfuerzos fracasaron en generar algo más que un par de ventas.

Al girar mi taco en el billar, compartí mis frustraciones con mi nuevo confidente.

—Bola cinco, tronera de la esquina.

Al moverse a través de la mesa delicadamente, Yanik anunciaba sus tiros y las bolas giraban hacia las troneras siguiendo sus órdenes, todo mientras escuchaba con atención mi historia. Coronó el juego hundiendo la bola ocho de manera tan experta que la bola blanca retrocedió hasta el lugar exacto para el comienzo del siguiente juego. Mientras tanto, yo estaba parado a un lado como una planta en maceta. Una planta en maceta que comparte su historia de lucha, pero una planta a fin de cuentas.

El juego terminó, Yanik me hizo una seña para que tomara mi cerveza y saliera con él para ver las colinas de Maryland. Después de un momento dramático de cine demasiado largo (así lo sentí), preguntó:

—¿Tu libro es mejor que las cosas que venden todos?

—Sí.

—¿Tu libro ayuda más al lector que los de los infomarketers?

—Claro que sí. Es todo lo que sé. Ayudará a los empresarios.

—Si los consumidores compran las cosas de los infomarketers y no las tuyas, ¿qué sucederá?

—Serán estafados, Yanik. Mi libro es mucho mejor que toda esa basura. En verdad creo eso con todo el corazón.

Yanik sonrió, como si por fin le hubiera dado la respuesta que quería y dijo:

—Entonces tienes la *maldita* responsabilidad de superarlos.

Wow.

Yanik comenzó a hacerse un porro en la mesita de al lado.

—Si la gente está comprando mierda —continuó—, tal vez sea *su* problema, pero es *tu* culpa.

A pesar del clima cálido, sentí un escalofrío en la espalda. Estaba en lo correcto. Era *mi* responsabilidad y si sentía que tenía una alternativa viable a los malos consejos de negocios que había, era mi culpa que la gente no la conociera.

Yanik me dejó sentado con la bomba de verdad que acababa de tirarme mientras terminaba de enrollar su porro. Entonces dijo:

—La gente va a comprar, ése no es el problema. Pero sólo puede comprar lo que sabe que existe. Si tu solución es mejor, debes hacer que la vean.

Después le dio una fumada a su cigarro y sin advertencia sopló el humo directo a mi cara. Fue un momento profundo. Inhalé todo, incluida la nube de marihuana.

Yanik se recargó en su silla y contempló el horizonte.

—Mike, ¿cuál es tu mejor *por qué*?

—¿Mi mejor por qué? ¿A qué te refieres?

—¿Por qué estás en este planeta? ¿Qué impacto estás destinado a tener en el mundo?

Maldición, hermano. Yo sólo quería vender libros y el senséi Yanik quería hablar del significado de la vida. Pero ¿quién soy yo para cuestionar a un erudito del marketing?

Tal vez una fuerza superior intervino. Tal vez en mi corazón siempre supe la verdad. O tal vez sólo fue la marihuana. Pero luego pronuncié las palabras que he usado desde entonces para definir el propósito de mi vida. Las palabras que me sacan de la cama cada mañana y me guían en los días largos y difíciles. Las palabras que me emocionan antes de cada discurso que doy. Las palabras que me guiaron mientras escribía de manera febril este libro para ti.

—Estoy aquí para erradicar la pobreza empresarial —le dije a Yanik—. Ése es mi mayor por qué.

—Pobreza empresarial —dijo Yanik, como si probara las palabras con la lengua.

Me senté en el borde de la silla.

—Sí, creo que los empresarios cambian el mundo: son innovadores y solucionadores de problemas, pueden resolver algunos de nuestros mayores conflictos, pero la mayoría apenas logra sobrevivir. Si pudiera ayudar a dueños de negocios a salir de la pobreza empresarial, serían libres de hacer esas grandes cosas que el mundo tanto necesita.

Yanik le dio otro golpe a su cigarro y dijo:

—Entonces eso es todo lo que importa. Si tus libros te ayudan a cumplir tu mayor *por qué* y ayudan a los empresarios, debes encontrar la manera de promoverlos mejor que cualquiera.

Mi llamado a las armas comenzó con una *borregueada*. La tuya es ahora mismo.

Tu misión de promocionar no sólo se trata de ti. Se trata de algo mucho, mucho mayor. Es sobre ti, tu familia, tu comunidad, nuestro mundo. Si ofreces algo que funciona, debes hacer que todos lo conozcan. Te necesitamos, pero no sabemos que existes. Y tu responsabilidad es arreglar esa parte de *no saber que existes*. Empieza de inmediato.

Rápido, menciona algo que haces mejor que la competencia. ¿Tus servicios son más completos? ¿Das una mejor experiencia a los clientes? ¿Estás más disponible? ¿Tu producto dura más? ¿Tu servicio hace que el cliente se sienta mejor que con el de la competencia? ¿Entiendes mejor la necesidad de los consumidores? Tal vez hay múltiples áreas donde eres el ganador. Sospecho que pudiste identificar por lo menos una *mejor* con mucha rapidez. Quizá varias. Así que es bastante cierto. Eres mejor.

Y si tu oferta es mejor que las alternativas, no deberías *tratar* de publicitar para tus prospectos, *debes* publicitar para ellos. Tienes la responsabilidad de vencer a la competencia, pequeñas y grandes empresas por igual —las compañías sin escrúpulos, las que dan menos, a las que no les importan sus consumidores—. De lo contrario estás dejando que tus clientes sean estafados. Tienes la responsabilidad de tratarlos bien (a ellos y a tus prospectos) mediante el marketing de tu empresa. Si tienes una mejor opción para todos, pero no saben que existe, se ven obligados a conformarse. Ése puede ser *su* problema, pero es *tu* responsabilidad arreglarlo.

Los grandes productos necesitan un marketing diferente

Ese día en la casa de Yanik, recordé el propósito de mi vida: erradicar la pobreza empresarial. Muchos dueños de negocios estaban (y todavía están) construyendo compañías para obtener libertad financiera y control en sus vidas, pero estaban (y todavía están) en una crisis constante de dinero y sintiéndose exhaustos. Arreglar esa brecha entre el sueño de libertad y la realidad de la lucha era (y todavía es) el propósito de mi vida. Por eso escribí mi primer libro, este libro y todos los de en medio. *El empresario del papel higiénico* no era una *mejor tarjeta de presentación*. No era para *captar clientes*. No era para volverme rico. Quería ayudar a mis lectores a conseguir un cambio real y duradero. Pero de algún modo estaba perdido.

En retrospectiva, todavía estoy enojado conmigo. Yo sabía. Construir mis primeros dos negocios me enseñó que la *única* manera de estar frente a la gente que te necesita es por medio del dominio del marketing y eso no tiene nada que ver con dominar un plan de marketing. Cualquier plan sólo es ficción si no puedes atraer la atención de los prospectos en primer lugar.

La simple verdad es que el marketing se da en milisegundos, no en meses. De acuerdo con la revista *Time*, las páginas de internet promedio retienen la atención de los visitantes por sólo 15 segundos. Instagram reporta que la gente pasa menos de 10 segundos en una publicación. ¿Y qué hay del marketing más cotidiano? Te apuesto que revisas la carpeta de tus correos electrónicos no deseados a una velocidad increíble.

De acuerdo con Interactive Advertising Bureau, un anuncio debe tener la atención de los espectadores por lo menos un segundo para tener una oportunidad de éxito. Si un prospecto se aleja de tu marketing en menos de un segundo, en milisegundos, lo perdiste. Aunque un plan de marketing es una herramienta maravillosa para programar lo que sabes que funciona, tu prioridad número uno es averiguar qué *sí* funciona en esos momentos de milisegundos.

Prueba esto. Ahora mismo, parpadea tan rápido como puedas. Ese parpadeo que acabas de hacer tomó más de una décima de segundo. El parpadeo promedio dura, escucha esto, 250 milisegundos. Según *The Christian Science Monitor*, los pensamientos se pueden generar y actuar en menos de 150 milisegundos. En otras palabras, toma más tiempo parpadear que, de manera cognitiva, notar algo y considerar qué hacer con eso. ¿Con qué te quedas? El marketing exitoso sucede en un parpadeo. Tu prospecto parpadea y sigue adelante o (si lo haces bien) se queda. Necesitas ganar el parpadeo.

La clave para el marketing exitoso en milisegundos es simple: sé diferente para que la gente *deba* notarte. Sé lo suficientemente diferente para que la parte cableada del cerebro humano obligue al prospecto a poner atención y considerar lo que está viendo.

La ironía: aunque usé ideas de marketing innovadoras para vencer a la competencia y hacer crecer mi negocio hasta obtener ganancias de millones, cuando se trató de promocionar mi libro, me alineé con el *statu quo*. Hice con exactitud lo que garantiza la invisibilidad: anuncié como todos.

Tardé algunas semanas en darme cuenta de por qué había seguido los estándares de la industria: no me consideraba un *autor verdadero*. Escribí un libro, sí. Pero era sólo un novato y aunque tenía confianza en mi trabajo, no estaba seguro de lo que otros pensarían de él.

Me sentía como si llegara de una ciudad diferente al primer día de secundaria: lleno de inseguridad. ¿Encontraría a mis amigos? ¿Ellos me encontrarían? ¿Me darían la bienvenida? ¿O los *bullies* me harían calzón chino? Así como el primer día en una nueva escuela, adoptar una postura es un momento frágil cuando se lanza un libro.

La verdad: quería que me notaran sin que me notaran. Quería obtener las recompensas de la atención sin el riesgo de obtener atención. ¿Y si la gente pensaba que estaba ahí afuera, siendo muy tonto, muy de Jersey? Me conformaba con la aburrida comodidad de pasar desapercibido en vez de correr el estremecedor riesgo de no poder ser ignorado.

Por fin hizo clic. Sentado en la terraza de Yanik, me di cuenta de que nuestro miedo a sobresalir es la principal razón por la que batallamos para hacernos notar. La gente pierde el juego de marketing porque sigue las reglas, reglas que ni siquiera existen.

Cuando Yanik acomodó mis pensamientos, regresé a la única estrategia que funciona de manera constante: hacer marketing diferente.

Pensé en algunos de los infomarketers auténticos que no caían en la categoría de charlatanes. ¿El común denominador? Al final, los buenos en el espacio de información destacaron por ser diferentes.

Jeff Walker, por ejemplo, publicitó sólo un producto, Product Launch Formula (PLF), durante más de una década y contando. Se convirtió en *la* autoridad de la industria al hacer lo que los demás no. Sin mansiones escenificadas, Jeff creó videos de su hogar en la montaña en Colorado, el mismo que ha tenido desde hace más de 20 años. No de un Bentley rentado. En vez de eso, continuó utilizando su camioneta usada Ford F-350, 1997, porque la ama. Cuando la competencia zigzagueó con apariencias, Jeff lo hizo con realidad. Diferenciarse no es hacer más de lo que ellos hacen. Diferenciarse es hacer más de ti.

En mi interior, sabía que mi libro ayudaría a otros más que las alternativas, pero ¿y eso qué? Ser mejor no importa hasta que te das a conocer. Y no te darás a conocer a menos que seas diferente. Maldito sea el calzón chino.

Escucha: tienes algo genial. Está hecho de tu imaginación, tus noches en vela, tu sudor y tu determinación. Esta cosa es importante. Es *la* cosa. Sabes que a la gente (la gente correcta) le encantará esta cosa. La necesita. El problema es que ya la hiciste y, a pesar de lo que prometen las películas, nadie llega. Tal vez ni siquiera tu mamá. Y pocos vendrán, hasta que te vuelvas diferente.

Quizá ya invertiste en estrategias de marketing que los supuestos expertos dijeron que *todos* deben hacer para competir. Tal vez compraste cursos de redacción publicitaria. Quizá contrataste redactores creativos. Tal vez mandaste a esos redactores a los mismos cursos que tomaste. Hiciste todo eso y más… y ahora sólo tienes una pequeña cuenta bancaria para mostrar.

No te alcanza para anunciarte como los grandes. Y no deberías (sólo digo). Pero necesitas vender tus cosas de alguna manera, ¿verdad? Así que compras publicidad barata en medios, anuncios en Amazon, en Google, Facebook y con una compañía que lleva todos los anuncios de todas las plataformas. Y el ciclo continúa. Tomas otro curso para aprender cómo usar la publicidad de manera más efectiva. Pruebas con correo directo. Tutoriales de YouTube. Promociones de vacaciones. Y cuando eso todavía no funciona, te entregas a una ilusión desesperada: "Si tan sólo pudiera tener un anuncio en el Super Bowl, todo cambiaría".

A pesar de tus esfuerzos y esperanzas, no logras alcanzar los suficientes prospectos para conseguir tus metas. Y ahí estás, sentado sobre tu gran cosa, preguntándote si alguna vez llegarás a suficientes personas que la adoren, necesiten y celebren (la gente que la *comprará*). Ellos salen perdiendo y tú pierdes todo.

Por desgracia, esta lucha se justifica de muchas maneras autocríticas. "No sé cómo vender." "Tal vez esta cosa no es tan buena como pensé." "Quizá las otras cosas son mejores." "A lo mejor, ni siquiera vale la pena anunciar esto que inventé." "Tal vez es una basura."

Mentira.

El problema no es cosa tuya. Sé que no lo es. Después de todo estás aquí. Estás leyendo este libro tratando de publicitar lo que tienes. Lo que tienes es genial. Es necesario. El problema no está en lo que ofreces. Tampoco la falta de intentos. Diablos, estás poniendo el corazón en tu negocio, haciendo todo lo posible por esparcir la palabra. Estás haciendo lo que piensas que funciona. Y ése es el problema.

Sé que parece confuso. Me explico: estás aplicando el marketing que funciona para todos los demás y ésa es la manera infalible para que ese marketing *no* funcione para ti. Si le copias a la competencia, estás haciendo algo que te garantiza invisibilidad. Debes vencer el miedo de ser juzgado, salir de la caja y diferenciarte.

Mira, la razón principal por la que el marketing falla es porque se alinea con lo que *funciona* en tu industria. Los dueños de negocios siguen haciendo lo que otros dueños hacen y eso significa que todos intentan superarse unos a otros utilizando los mismos métodos, sólo que mejores. Pero cuando todos usan los mismos métodos, nadie sobresale. Una mejor versión de la misma estrategia todavía es invisible. Cuando tu marketing es como el de tu competencia, pierdes en milisegundos. El prospecto ve una versión de algo que consideró indigno de su atención en el pasado, ahora repetido por ti. Un parpadeo y sigue adelante.

¿Por qué gravitamos hacia los llamados *métodos de marketing comprobados*? En el centro de eso está el miedo a sobresalir. Queremos vernos tan bien como todos los demás, así que actuamos como todos ellos. No queremos parecer como si no supiéramos lo que hacemos. Creemos que todos estos negocios establecidos lo hacen de esta manera, así que sólo tiene sentido hacerlo de la misma forma. Equiparamos supervivencia con conformidad.

El problema es que, si nos enfocamos en encajar, ¿cómo nos van a encontrar nuestros prospectos?

Imagina que estás en una habitación con 500 personas usando un traje gris idéntico. Uno de estos 500 es tu alma gemela. ¿Qué tan fácil es encontrar a tu pareja perfecta en un mar gris? Difícil. Casi imposible.

Ahora imagina que hay alguien usando un traje rojo. Esa persona llamó tu atención, en milisegundos. Así que en vez de ir una por una entrevistando a las otras 500 personas durante las siguientes ocho horas, es más fácil comenzar con la persona del traje rojo. Y diablos, tal vez hasta te convences de que es la persona para ti sólo porque sobresalió de inmediato. Este ejemplo es para un alma gemela. Un alma gemela de mierda. Y la idea de atravesar un mar de trajes grises durante horas y horas sigue siendo agotadora. Así que imagina la poca energía que invertirán tus prospectos para buscarte en tu traje gris de invisibilidad. ¿Qué oportunidad tienes de ser notado, aunque seas su alma gemela?

La mayoría de los negocios no viste de rojo cuando el código de vestimenta es gris. Más bien tratan de ser una *mejor* opción de gris: un gris más oscuro, más claro, más gris… Incluso si en verdad fueran mejores, ¿cómo alguien lo sabría? Todos visten del mismo color.

Hacer el mismo marketing que todos los demás una y otra vez pero mejor te dejará superfrustrado. No hay duda de por qué muchos negocios piensan que el marketing es una pérdida de tiempo y dinero. ¿Quién sería bueno para montar ese carrusel? No importa dónde te sientes, sólo son caballos pintados en tubos, yendo en círculos, sin ir a ningún lado.

Haz lo necesario para recordar esto el resto de tu vida. Escríbelo, ponlo en el espejo de tu baño, tatúatelo en una nalga. Por amor de Dios, sólo no lo olvides:

Lo mejor no es mejor. Lo diferente es mejor.

Lo diferente es cuando destacas en un instante, en el milisegundo de marketing. Llegar de rojo cuando la gente espera gris. Manejar una vieja Ford F-350 cuando todos los demás presumen su Bentley convertible (rentado). Te diferencias cuando te haces notar de manera innegable, cuando te presentas fuera del contexto que la gente espera.

Desde mi epifanía de marketing he dado discursos a cientos de miles de empresarios. Uso estos eventos para compartir lo que sé. Pero la joya oculta es que también los uso como una oportunidad de señalar los peligros del *statu quo*. Hago esto a través de encuestas en vivo y ésta en particular es mi favorita.

"Formen parejas y compartan su manera más efectiva de atraer clientes potenciales", les digo. Después de un par de minutos, saco mi rotafolio y marcadores. "Todos levanten la mano. Sigan así hasta que escuchen su idea de generación de clientes."

Como en la ronda final de *Wheel of Fortune*, cuando Pat Sajak le otorga al concursante cinco letras populares antes de que pueda agregar otras en un intento de resolver la frase, anoto los tres *grandes* trucos en el pizarrón: recomendaciones de boca en boca, recomendación del cliente y sitio de internet. Se baja cerca del 95% de las manos. Le pido a la gente que todavía tiene la mano arriba que grite su estrategia única. Marketing de contenidos es una común, cuando la añado, bajan la mayoría de las manos que quedaban. La gente grita algunas ideas más, como anuncios pagados o ferias comerciales. Para la sexta o séptima idea, se acaban todas.

Una sala llena de cientos, a veces miles de personas de negocios, todas compitiendo entre ellas en algún nivel y tienen las mismas seis ideas. Las mismas seis maneras de superar al otro, los mismos *trajes grises*.

Con esa pequeña demostración dejan claro que todos hacen marketing de la misma manera. Todos contestan las mismas preguntas usando el mismo lenguaje, todos siguen los mismos *mejores* modelos de marketing y estrategias, pero de alguna forma se creen diferentes a los demás. Incluso ver un mar de manos caer en el boca a boca o contenido no les indica que todos son iguales para el mundo de los prospectos. Porque, aunque todos hacen marketing de manera idéntica, sienten que son mejores haciéndolo, que sobresalen.

O peor, se enorgullecen del hecho de que obtienen a la mayoría de sus prospectos por recomendaciones de sus clientes. Todos dicen: "No tenemos que preocuparnos por hacer marketing, las recomendaciones de boca en boca son nuestra fuente principal". La estrategia de la boca insípida no es una estrategia en absoluto. Es poner tus esfuerzos de marketing en las manos de tus clientes para que lo hagan por ti, a su antojo.

Esperar que los clientes te recomienden no es marketing. El boca en boca es una fuente de oportunidad maravillosa cuando sucede, pero fortuita. Las palabras clave son *cuando pasa*. Si un gran porcentaje de tus nuevos negocios viene de recomendaciones y de boca en boca, no estás haciendo marketing. Cruzas los dedos esperando que los clientes hagan marketing por ti. No tienes el control del crecimiento de tu compañía, tus clientes lo tienen. El boca en boca debería ser el glaseado, no el pastel.

Hacer marketing de la misma manera que todos los demás es ruido blanco. La única forma de controlar el flujo de clientes potenciales, acelerarlo o, si quieres, reducirlo, es haciendo marketing diferente del de tu competencia. ¡Sé diferente! Ése es el pastel.

Max Durovic estaba aburrido. Muy aburrido. Como parte de su trabajo para una tienda de alimentos preparados en California, tenía que pararse afuera sosteniendo un cartel de un sándwich durante horas. ¿Y si no sólo lo sostenía? ¿Y si lo giraba? Seguro, un cartel girando era mucho más entretenido para él que estar quieto. Así que lo giró en su dedo. Y con eso, Max encontró un marketing diferente.

Ese verano, Max inventó el *giro de letreros*, que consiste en hacer acrobacias con letreros en forma de flecha para publicitar empresas. Dice que es "tanto un performance artístico como publicidad exterior". ¿Has visto a un tipo haciendo malabares con letreros? Llama tu atención, ¿no? Ves letreros todo el tiempo. Su gran volumen los hace invisibles. El cerebro humano es eficiente para ignorar lo intrascendente. Pero con unos pocos polvos mágicos *diferentes*, una vuelta y un giro, ahora ves algo que, de otra manera, tu mente habría ignorado.

En 2002, Max fundó AArrow Inc., que ha crecido a más de 30 oficinas en 10 países, registrando miles de acróbatas de letreros. Incluso tienen una competencia anual en Las Vegas. Lo diferente, hecho de manera correcta, crece.

La primera experiencia de un cliente contigo, su primera impresión de ti, es tu marketing. Si es igual que cualquier otro, tu prospecto sólo asumirá que eres igual a cualquier otro negocio en la industria, que eres otro letrero que ignorar. Diferente es hacer marketing de una manera en la que *nadie más lo hace*. Es poco común, inesperado y no se puede ignorar.

Haz marketing de manera diferente. Tan distinto que tus clientes ideales no puedan dejar de verte en el mar de ruido blanco de las *seis principales estrategias de marketing* que usa la competencia. ¡Éste es tu llamado a las armas, maldición!

Debes publicitar de forma diferente, porque el mundo necesita descubrirte. Escucha, has navegado este loco viaje llamado vida para llegar a este momento. Tal vez estás haciendo esto como un empresario solitario cargando con todo tú solo. O quizá eres el niño nuevo que se sienta en algún lugar al fondo de la industria. No importa tu situación, el *statu quo*, qué tan bueno seas, el marketing que pasa desapercibido es un riesgo. Correr el *riesgo* de hacerse notar es la nueva apuesta segura.

¿Estás listo? Éste es tu momento.

¿Por qué podrías fallar?

El día que vacié el camión con mis libros fue uno de los peores y más cansados de mi vida. Yanik Silver me convenció de que promocionar los libros era mi responsabilidad, pero todavía tenía que lidiar con la mayoría de mis 20 mil ejemplares de *El empresario del papel higiénico*. El centro de distribución me cobraba mil dólares mensuales por el almacenamiento. Como no se vendían no podía justificar o afrontar el gasto. Tenía dos opciones: *reciclar* los libros —el término suave de convertir mi libro en pulpa— o enviarlos a casa para ahorrar costos. Escogí la segunda opción.

Una por una, cargué las cajas del camión al sótano, al ático, bajo la cama (como reemplazo de la base), en la habitación de mis hijos, en el garaje, en la cajuela, asientos traseros y del copiloto de mi auto. Me corría el sudor. Camiseta empapada y rodillas entumecidas, me dolían lugares que ni siquiera sabía que existían. Pero fue como si cada caja me hiciera más fuerte. *Más enojado* tal vez sería la mejor descripción. No estaba enojado conmigo, me enojé con la competencia. Tenía 20 mil ejemplares de un libro que podría ayudar a 20 mil personas. Lo vi como si alejara mi libro de las personas que lo necesitaban. Eso me enojaba.

Al final del día, cada caja había sido descargada y el camión tenía rato de haberse ido. Me senté en la entrada de mi casa y me comprometí a vender todos y cada uno de los malditos ejemplares del libro. No porque necesitara venderlos, sino porque mis futuros lectores necesitaban leerlos.

Seguí haciendo cosas diferentes, experimentando con nuevas estrategias de marketing que llamaran la atención de mis lectores ideales. Incluso después de comenzar a ser notado como autor, incluso después de que obtuve mi primer contrato de publicación tradicional, continué enfocado en vender ese libro. Y lo hice. Vendí cada ejemplar. Y después vendí 100 mil más.

Pude haber tirado la toalla ese día y dejar que los libros juntaran polvo. Pude haber enviado el camión al basurero. Me pude ir a lo seguro y pasar mi concentración de vuelta a los negocios que había manejado en el pasado. Pero sabía que tenía algo que mis lectores necesitaban y tenía la responsabilidad de promocionarlo.*

Hace 10 años hice una promesa. Siempre encontraré maneras de que cada dueño de negocio en este planeta esté consciente de lo que tengo, aun cuando mi competencia sea más grande, esté más establecida o tenga montones de dinero. Porque creo que lo que ofrezco es la mejor solución para mis lectores, tengo la responsabilidad de que lo sepan. Nunca más esperaré a que me encuentren, haré que me vean.

Tú también debes hacer una promesa. La promesa de servir a los miembros de tu comunidad haciéndolos poner atención. Pero una promesa no es suficiente, debes superar la mayor barrera para hacer marketing de manera efectiva: el miedo.

Si te rindes ante el miedo de lo desconocido, de sobresalir, de ser vulnerable, no lo lograrás. Rendirse ante el miedo es el mayor asesino de sueños. Lo sabes, estoy seguro. Pero es importante que entiendas que este libro te ayudará sólo si actúas. Debes tomar la decisión, justo ahora, de apegarte a este sistema de marketing, a pesar de tu miedo.

¿Quieres estar a salvo o ser exitoso? Es una cuestión muy seria. Reflexiona sobre esto, por favor, antes de contestar. Creo que dirás "exitoso", pero ¿lo dices en serio? ¿De verdad, de verdad lo dices en serio? Por desgracia la mayoría de las personas no.

La mayoría de las personas prefiere la seguridad sobre el éxito y lo demuestra con sus acciones. *Dicen* que quieren ser atrevidas y osadas, pero no están dispuestas a descartar la seguridad de su capullo. Temen exponerse, arriesgarse a la humillación o al ridículo. No quieren girar el letrero —no por miedo a que se les caiga sino por miedo a que las *vean* tirándolo—. Si no estás dispuesto a romper las reglas —que no

---

* Si quieres saber más sobre cómo promocioné mis libros, lee el artículo de junio de 2013 de *Forbes* escrito por Dorie Clark, "How Mike Michalowicz Went from Unknown Self-Published Author to Mainstream Publishing Success". Puedes acceder a él y a todos los recursos gratuitos en mi sitio de internet gogetdifferent.com.

son *las* reglas, sino *tus* reglas—, también quedarás estancado en el país de la sensación de seguridad de los desapercibidos.

El marketing no es un juego de escondidillas. Es una misión: ser tan obvio y notable como un faro. No esperes que te encuentren. Pide que la gente te vea. Eres el farol de la mejor opción en la niebla de la mediocridad. Lo diré otra vez, porque nunca es suficiente: tienes la responsabilidad de superar a tu competencia. Tu viaje puede hacer que estés fuera del juego algunas veces, o muchas, pero a menos que intentes y sigas intentando, sólo serás esa *persona con mucho potencial* que nunca fue descubierta. Atrévete a ponerte de pie y sobresalir. Atrévete a ser diferente. El mundo depende de eso.

La misión se encuentra con la némesis

En una caminata con mi hija por el borde del Gran Cañón, miré hacia el amplio abismo y me pregunté: ¿qué motivaría a una persona a ir de un lado al otro? Un sueño, sí. Tendría que ser un gran sueño. Pero ¿sería suficiente para seguir adelante, sin importar cuál sea la prueba? Tal vez no. Muchas personas han renunciado a sus sueños antes de cumplirlos.

Pero ¿y si hubiera una misión? ¿Y si mi hija estuviera del otro lado del cañón? ¿Y si su vida dependiera de que yo cruzara? ¿Caminar por un lado y subir por el otro en una agotadora caminata de más de 32 kilómetros? ¿Y si un villano estuviera cruzando el mismo cañón, con la intención de destruirla? Ahora no es un sueño, es una misión. La vida de un ser querido está en riesgo inminente. Y el resultado está por completo en mis manos. Si hago el viaje extraordinario, ella vive. Si fracaso, ella muere y también mi alma.

Los clientes que atiendes están en peligro. Un chico malo va por ellos. Tienes algo más grande que un sueño aquí. Tienes una misión: salvar a tus clientes. Y debes llegar a ellos antes que el villano, sin importar los retos que enfrentes y el abismo que debas cruzar.

Sin pensarlo mucho, contesta esta pregunta: ¿Quién es tu némesis? El mío es ese tipo que ejemplifica perfecto la imagen de los manipuladores de información que detestaba cuando lancé mi primer libro, excepto que ahora quizá *sí* sea dueño del jet privado que está al fondo de sus fotos. Promueve grandes casas, más autos y pilas de oro como la definición de éxito. Define la victoria no como servir a sus clientes sino como el fracaso de sus competidores. Me estremezco cada vez que veo una foto de este tipo. Representa todo lo que desprecio sobre los *supuestos líderes* enfocados en negocios. La comunidad que atiende y a la que dirige su mensaje usa billetes para prender puros y escupe en los *perdedores* que no pueden generar suficiente dinero para hacer lo mismo. El problema es que, como hace un buen marketing, la gente lo escucha. Y si lo escuchan a él, la avaricia gana y los empresarios honestos pierden.

Para mantenerme motivado, tengo una foto de él en mi oficina. No cualquier foto, la más desagradable de todas sus fotos promocionales desagradables. Verla me recuerda que tengo la misión de erradicar la pobreza empresarial a través del servicio. Para que ganen los chicos buenos, debo superar a mi némesis.

No es una cosa de ego. Es una cosa vieja como el tiempo, una cosa de nosotros contra ellos. Coca *vs.* Pepsi; Joe Frazier *vs.* Muhammad Ali; nerds *vs.* deportistas. Y déjame decirte que eso puede ser tan motivador (si no es que *más*) como ser útil. Con un enemigo listo para destruir justo a la gente que quiero ayudar, puedo tirar la toalla o decir: "Es hora de avanzar". Entonces nada me impedirá cruzar el abismo.

Todos necesitamos una némesis. No tiene que ser una persona, puede ser otro negocio, una ideología o algo dañino para tu comunidad. Todos necesitamos a alguien o algo por qué pelear (nuestra misión) y alguien o algo contra qué pelear (nuestra némesis). Cuando tenemos ambos, nos convertimos en un peleador callejero de nuestros sueños.

¿Quieres saber el nombre de mi némesis? Bueno, no te lo voy a decir. No le voy a dar ese poder. Puedes tratar de engañarme para que te diga, encerrarme en una habitación, obligarme a ver horas de los momentos más aburridos de la historia del futbol americano de Virginia Tech, incluso hacerme calzón chino, igual no lo diría. Ésta es mi batalla, no la tuya. Y por mucho que no soporte lo que ella representa, no quiero enviarle ninguna negatividad. Sólo me comprometo a superarlo. De forma implacable.

Tu turno

Al final de cada capítulo, recopilé una lista de acciones y consideraciones para ti. Cada una se basa en la siguiente. No te brinques ninguna. Convertirse en un Realizador Diferente —una persona que sí realiza marketing diferente— comienza con un cambio de mentalidad. Por eso el primer capítulo es tu grito de guerra. Necesitas darte cuenta de que ==tu misión es más grande que tu miedo==. No estoy tratando de quitártelo, estoy tratando de darte coraje a medida que construyes el valor del marketing. Y para hacerlo, necesitas ponerte en acción de inmediato.

No te engañes con la cómoda mentira de *regresaré a hacer esto en un rato*. Haz las acciones al final del capítulo. En la mayoría de los casos te tardarás menos de 15 minutos. Sólo 15 minutos. Para un cambio permanente. Un mejor marketing de manera permanente. No lo postergues. Hazlo.

1) Contesta cada una de las siguientes preguntas:

- ¿Por qué debes superar a la competencia?
- Para ti, ¿por qué es más importante correr el riesgo de ser visto?
- ¿Estás dispuesto a hacer todo lo necesario para progresar y destacar?
- Si no lo haces, ¿qué pasará contigo, con tu negocio y tus clientes?

2) Después, identifica tu némesis. ¿Quién o qué daña a la comunidad que quieres servir? ¿Hay alguna persona o compañía sin escrúpulos que llama la atención de los prospectos?

¿Hay todo un grupo de especialistas en marketing vendiendo basura a tus clientes? ¿Hay alguna ideología que deba ser aplastada de una vez por todas? ¿Qué representas y contra quién o qué luchas? Determina tu némesis.

3) Comprométete con tu misión de marketing. Hacer algo diferente es aterrador, lo entiendo, pero permitir que tu misión fracase mientras tu némesis triunfa es mucho peor. ¿Estás listo para comprometerte con tu responsabilidad de publicitar a pesar del miedo que te genere? ¡Quiero saber! Envíame un correo electrónico con el asunto "¡Lo estoy haciendo diferente!" (para encontrar tu mensaje en mi bandeja de entrada) a mike@mikemichalowicz.com. Comparte tu misión y menciona por qué lo diferente ayudará a tu comunidad y a ti. Y, si te sientes obligado a compartir tu némesis, prometo no decírselo.

4) Descarga los recursos gratuitos en gogetdifferent.com. Esas herramientas te ayudarán a implementar todas las técnicas que estás a punto de aprender.

Capítulo dos
La Estrategia DAD de marketing

Gabriel Piña ama los puros. Cuando llegó al retiro de cuatro días que hice en las montañas Great Smoky, llevó una mochila y una maleta con ruedas. La mochila era para su ropa, la maleta para sus puros.

Pensarías que un tipo cuyo pasatiempo son los puros tendría cierta arrogancia al estilo de los Rat Pack, ya sabes, tipo Dean Martin o Sammy Davis Jr. ¿Pero Gabe? Arrastraba la maleta detrás de él como un hombre al límite de sus fuerzas.

Gabe fundó Piña Business Services en 2007 para proveer servicios de contabilidad a negocios locales. Hizo marketing usando los métodos comunes de su industria: un stand en la esquina en congresos y ferias especializadas, correos electrónicos a prospectos, reportes de la industria gratis… De todo lo que intentó, se basó en gran medida en las recomendaciones de boca en boca para hacer crecer su empresa. A pesar de estos esfuerzos, luchaba para conseguir clientes suficientes para llegar a fin de mes. Las cuentas y las deudas se apilaban. Después de mudarse a Wyoming desde San Diego en 2014, tuvo que lidiar con el triple golpe de ser casi desconocido en el área, depender de las recomendaciones de boca en boca para nuevos clientes potenciales y una inminente bancarrota. Ser desconocido e imperceptible es una combinación mortal que acaba con muchas buenas empresas.

Las pocas conexiones que llegaron eran de todo tipo de negocios y, como la presencia de marketing de Gabe (o la falta de) no era diferente a la de otros contadores, casi ninguno de esos clientes potenciales dio resultado. Ser ignorado estaba aplastando a Gabe. Por eso decidió apostar todo a lo diferente. De ahí el viaje a las montañas Great Smoky en Volunteer State.

Cuando llegó a Knoxville para el retiro, enfrentó dos opciones: seguir igual y por fin cerrar la tienda o *tirar los dados* haciendo marketing de una forma nueva por completo. Gabe es un luchador y se dedicó de lleno a salvar y hacer crecer su negocio. Con rapidez, decidimos que la mejor solución sería crear un nicho para su oferta y enfocarse en atender a una comunidad que le permitiera combinar su pasión y su experiencia. Cuando publicitas para una comunidad de manera constante, pronto encuentras lo diferente que funciona y lo que no. Te permite hacer experimentos rápidos de marketing y encontrar métodos diferentes y efectivos.

El segundo día, me dijo: "Quiero ser la autoridad en el espacio contable de las tiendas de puros, pero no tengo suerte para obtener clientes nuevos".

Gabe es un contador inteligente con una reputación estelar y conoce del mundo de los puros. No tendría que ser muy difícil atraer a dueños de tiendas, ¿no? En teoría no. El problema: seguía dependiendo de las recomendaciones de sus clientes. Era desconocido e imperceptible. Para salvar su negocio, tendría que hacer marketing en su comunidad como nunca antes lo había hecho. No a través de una avalancha de anuncios publicitarios. No a través de una campaña de "necesitas contratarme, por favoooor". Sino a través de un marketing diferente y de alto rendimiento.

En el retiro, acompañé a Gabe en la misma estrategia que estoy a punto de compartirte en este capítulo. Se le ocurrió una idea diferente, la evaluó y luego hizo una prueba. En dos semanas terminó la prueba, en un mes tenía un flujo activo y constante de clientes potenciales y en *seis* meses añadió siete cifras de ingresos anuales. Eso fue muy importante para la salud de su negocio y valía la pena celebrarlo con un buen puro. De hecho, el experimento funcionó tan bien que Gabe lo adoptó como una de sus principales estrategias de marketing. Te daré los detalles de cómo lo hizo en un momento.

Justo antes de sentarme a escribir su historia, revisé las redes sociales de Gabe para ver cómo estaba. Vi una publicación sobre la compra de su primer auto nuevo con las ganancias del negocio. Ahora tiene esa arrogancia —no porque es el tipo de puro *cool cat*— porque tiene la confianza que surge al saber que tú controlas todo tu crecimiento. Sabes cómo obtener nuevos clientes y *tú* decides cómo reducir a los clientes potenciales. Para conseguir eso, primero necesitas entender *por qué* este proceso funcionó para él y por qué funcionará para *ti*.

La ciencia detrás de lo diferente

"Se ignoran las hojas que crujen, pero se observa lo inesperado... de cerca", dijo el maestro Fordyce durante mi primera clase de ciencias naturales en sexto de primaria. Dijo estas palabras como si se dirigiera a toda la nación: bata de laboratorio, micrófono auricular y todo —para un salón de 19 estudiantes—. Con eso comenzó nuestro estudio sobre la mente del hombre de las cavernas.

La palabra *cavernícola* es una frase general para el Neanderthal prehistórico, el *Homo erectus* y para el jugador gigante de futbol americano que conociste en la preparatoria. Los hombres de las cavernas eran tribus nómadas, recolectoras y cazadoras. En general, los hombres cazaban y las mujeres recolectaban comida. Ya sea que estuvieran cazando o recolectando, sus cerebros tenían el mismo objetivo: ignorar lo superfluo y enfocarse en lo diferente.

Cuando estaban afuera cazando o recolectando, si escuchaban un sonido recurrente, como hojas crujiendo o ramitas rompiéndose bajo sus pies, sus cerebros filtraban los ruidos extraños, mientras que los sonidos de oportunidad, como cascos de venado golpeando el suelo, de inmediato llamaban su atención. Otras veces, escuchaban el sonido de una amenaza conocida, como el estruendo de una estampida de mamut lanudo y corrían a su refugio incluso antes de que el pensamiento consciente entrara en acción, con los pies dando vueltas y levantando el polvo al estilo de Pedro Picapiedra.

Y a veces escuchaban un sonido que no podían identificar, un sonido desconocido que no cuadraba. Ahora sus mentes prestaban total atención. Vista al frente, escudriñando lo inesperado. Porque ese sonido podía significar que habían encontrado la cena o que ellos serían la cena. En ese entonces, priorizar los diferentes sonidos y evaluar cosas inesperadas era cuestión de vida o muerte.

Adelantémonos a tiempos modernos. Aunque la tecnología y la sociedad han avanzado a la velocidad de la luz, nuestro cerebro ha avanzado más lento. Nuestra buena materia gris todavía está diseñada para sobrevivir al nivel más primitivo. Tu mente es muy eficiente para evitar peligros conocidos, aprovechar oportunidades e ignorar lo irrelevante (casi todo). Pero hay una cosa que nos vuelve locos cada vez: lo diferente. Pero antes de que profundicemos en eso, echemos un vistazo a por qué ignoramos.

¿Alguna vez has notado lo rápido que podemos superar las cosas? ¿Lo rápido que las cosas se vuelven más del mismo blablablá? Se llama adaptación. Por ejemplo, la primera vez que recibiste uno de esos correos electrónicos de marketing con un "¡Hola, amigo!" seguro pusiste atención. ¿Quién es este amigo perdido desde hace mucho tiempo que me envía un correo? No he tenido noticias de este *amigo* desde quién sabe cuándo. Y el hecho de que mi buen amigo me llame *amigo*, en lugar de llamarme por mi nombre real, es genial de su parte. ¡Oh, amigo, eres increíble!

El siguiente correo electrónico con "¡Ey, amigo!" no es tan emocionante y para el tercero ya nos dimos cuenta de que ésta es sólo la moda más reciente de los especialistas en marketing de internet. No eres un *amigo*, eres una cartera. Ahora los correos con "¡Ey, amigo!" son irrelevantes, sólo más ruido blanco. Entra la adaptación, el proceso de ignorar los detonantes repetitivos y sin sentido. Parpadear, borrar.

El proceso de adaptación existe dentro de la formación reticular de nuestro cerebro. Ésta es una red que emana del tronco encefálico y mantiene la conciencia general. Es una red, de manera literal y figurada. Es la primera línea de defensa contra los millones de estímulos que nos rodean todo el tiempo. Justo ahora podrías ver tu mano y pasar el resto de la eternidad examinándola. ¿De qué está hecha la piel? ¿Quién pensó en la palabra *piel*? Dios, la piel de la mano es sorprendente. Y así continúa. Hay innumerables cosas, justo frente a ti, siempre compitiendo por tu atención. Pero tu formación reticular está haciendo su trabajo principal a la perfección: ignorar casi todo.

¿Alguna vez has visto a un bebé dormido de manera profunda mientras un camión de bomberos ruge con las sirenas a todo volumen? Yo sí. En Nueva York. Muchos bebés están tan acostumbrados al ruido del tráfico que duermen con él. Eso es adaptación. Y cuando un bebé recién nacido pasa su primera noche sin hacer un solo ruido, con frecuencia el silencio despertará a su madre, que correrá a la cuna para revisarlo. ¿Por qué? Está atenta a lo desconocido (el silencio) y lo percibe como una amenaza en potencia. Tal vez el bebé dejó de respirar, por ejemplo. Lo típico es ignorado. Lo atípico es analizado. Así funciona la formación reticular.

Piensa en tu último vuelo. En el avión, los cinturones hacen clic cuando se abrochan, la gente abre y cierra los compartimentos superiores. Todo está lleno de ruidos. Reconocemos esos sonidos y nuestro cerebro sabe ignorarlos. Diablos, puede ser difícil no quedarse dormido mientras los auxiliares de vuelo hacen su demostración de seguridad.

Pero cuando el tipo tres filas atrás comienza a sacudir las manos de manera violenta y a hablar con voz estridente todos estiramos el cuello para ver qué está pasando. Queremos saber: ¿es una amenaza o entretenimiento gratis? ¿Hará que el avión aterrice o nos hará reír? Vemos lo inesperado, de cerca.

¿Has visto la demostración de seguridad de Virgin America? Hace unos años creó un video musical que era tan divertido y atrevido que todos lo veían. Ignoraban a la asistente de vuelo parada en el pasillo, demostrando cómo abrochar el cinturón del asiento, concentrándose en el video la primera vez que se reprodujo. Es probable que la segunda vez también, sólo para asegurarse de que no se habían perdido nada. Para el tercer vuelo, ya se estableció la adaptación al video de baile de seguridad —no el video de "Safety Dance" de Men Without Hats, amigos de la generación X—. Pero Virgin ganó la atención, por un corto periodo de tiempo, al ser diferente. Diferenciarse es la manera más efectiva de obtener atención, pero la vida útil es corta. Por lo tanto, no es un evento de sólo una vez, debe convertirse en una práctica arraigada.

Cuando algo es diferente, la formación reticular activa un efecto cascada en el cerebro para analizar la situación y la primera prioridad es el análisis de amenazas. Si estamos en peligro, es fundamental salir de ahí. Pero cuando la cosa diferente se identifica como segura, entonces nuestro cerebro busca oportunidad. ¿Me puedo beneficiar de esto? Si la respuesta es no, entonces nuestro cerebro añade esto diferente —como el "Hola, amigo"— a la categoría de intrascendente, como algo que se puede ignorar. La oportunidad existe en esa pequeña ventana entre lo diferente, cuando el cerebro pone atención absoluta y la calificación de amenaza u oportunidad, antes de que el cerebro decida ignorar esta cosa para siempre. En esos pequeños milisegundos, haces tus millones de dólares. O miles de millones. Y si no respetas o no atiendes este momento de oportunidad diferente en el cerebro, quedarás atrapado en la mediocridad. Y también lo hará tu cartera.

La estrategia DAD de marketing

Todavía somos cavernícolas cuando se trata de proceso mental. Nuestro cerebro todavía filtra lo familiar y sólo nota lo diferente. Por eso es vital dejar de hacer marketing del mismo modo que todos los demás en tu industria y empezar a *diferenciarte*. La formación reticular, la red, capta el flujo interminable de basura irrelevante y la desecha. Cuando publicitas para tus prospectos, debes hacerlo de manera que atraviese la red. Si fracasas, entras en el montón de los ignorados.

Evitamos las amenazas, tomamos las oportunidades y desconectamos lo irrelevante —recuerda, se trata de *encontrar* la cena, no de *ser* la cena—. Para hacer marketing diferente de manera efectiva para nuestros clientes ideales, debemos asegurarnos de que somos notados y que nuestros clientes ideales ven lo que hicimos para llamar la atención como una oportunidad, no una amenaza. Pero el trabajo no termina ahí. Ser tomados en cuenta por las personas adecuadas nos lleva sólo hasta cierto punto. Necesitamos que actúen. Ésta es la base de la Estrategia DAD de marketing de tres pasos.

El DAD se divide así:

	DIFERENCIARSE	ATRAER	DIRIGIR
OBJETIVO	Atención	Interacción	Cumplimiento
MÉTODO	Presentar algo poco común, desconocido o inesperado.	Demostrar, exhibir o expresar oportunidad o beneficio.	Especificar una acción razonable para acercarse u obtener la oportunidad/beneficio.

1) **¡DIFERÉNCIATE!** *Haz algo diferente para llamar la atención...* Ya aprendiste por qué lo diferente funciona. Este primer paso es identificar una estrategia de marketing que sobresalga en un mar de monotonía. ¿Qué hará que la mente cavernícola de tu prospecto se detenga y ponga atención? ¿Cómo atraer su atención durante los primeros milisegundos?

2) **¡ATRAE!**... *de forma que captes la atención de tus prospectos ideales...* Después, asegúrate de que tu estrategia sea atractiva para las personas que quieres atender, no que las ahuyente. ¿De qué manera puedes establecer tu marketing como una oportunidad que considerarán en vez de una amenaza que evitarán?

3) **¡DIRIGE!**... *y guíalos a actuar.* Para finalizar, tu estrategia debe llevar a tus prospectos ideales a realizar la acción específica que deseas. ¿El futuro consumidor ve que la recompensa de hacer lo que quieres es más grande que el riesgo de realizar la acción? ¿Y el cumplimiento de la indicación lo ayudará a lograr tus objetivos de marketing?

Para resumir el DAD: haz *algo diferente para llamar la atención de forma que captes la atención de tus prospectos ideales y los guíes a actuar*. Es todo. Ésa es la estrategia. Es simple, pero poderosa. Cuando la sigas, conseguirás nuevos clientes. Todas y cada una de las veces.

Como con el baile de "YMCA", debes hacer el DAD en la secuencia exacta para que tenga sentido. Si no conoces el baile de "YMCA", significa que te perdiste los ochenta (bien por ti) o nunca has ido a una boda. Google es tu amigo. Búscalo. El baile comienza con una *Y* en el aire, seguida por una *M* en tu cabeza y así. El DAD funciona del mismo modo. Necesitas hacerlo en orden. De la *D* a la *A* a la *D*. Son los pasos de *baile* de marketing que debes dominar.

Siempre *sé diferente* primero. Debes llamar la atención con un marketing diferente. La mayoría de las personas se brinca este paso y sólo intenta lanzar su mejor oferta. Pero puedes tener el mejor producto, el más grande y bonito del mundo entero… y fracasarás si nadie lo nota. Ya que te diferenciaste, haces el siguiente movimiento coreográfico y lo vuelves atractivo para la gente que quieres *atraer*. Y concluyes diciéndole de manera específica qué hacer a continuación por medio de la *dirección*. Tres pasos, en la misma secuencia, siempre. D-A-D. Siempre.

A veces, estás seguro de que tu idea hará que la gente se detenga, pero sólo se escuchan grillos. Por ejemplo, para mi último libro, *Un paso a la vez*, creé una parodia llamada *Un trago a la vez*. Tenía el mismo diseño que la cubierta del libro, aunque en vez del color amarillo, era morado y ahuecamos el interior para que cupiera una anforita de whisky. Amé esta idea y estaba seguro de que crearía un alboroto. ¿Pero cuando iniciamos un sitio de internet para crear interés? Grillos. Nadie la quería, excepto mi mamá, de forma irónica. Suspiro. Todavía me encanta esa idea, pero fracasó en llamar cualquier atención. Aunque pensé que era diferente, las acciones de los prospectos probaron que no lo suficiente para que la notaran, así que la descartamos.

También me he quedado con las manos vacías en el segundo paso: *atraer*. Creí que tenía una gran idea para conseguir candidatos para un puesto libre. En el anuncio clasificado pedía una entrevista… a las tres de la mañana. El anuncio llamó la atención, pero el tipo de personas que se presentaron a esa hora no era el adecuado para nuestra empresa. Pensé que atraería gente ambiciosa, que iría más allá por conseguir el trabajo *adecuado*. En vez de eso terminé con gente que echaron del bar y un transportista de UPS tan cansado que se quedó dormido en la sala de espera. La extraña hora de la entrevista era diferente pero no atractiva. Es importante recordar que no queremos ser diferentes sólo porque sí o nos arriesgamos a ahuyentar a los prospectos adecuados.

Imagina que eres un abogado defensor penal. (Ya sé. El trabajo soñado.) Para ganar casos decides hacer algo diferente con el fin de captar la atención del jurado. Llevas un disfraz de payaso al juicio, completo, con los grandes zapatos, salpicando agua con la margarita de la solapa y una bocina súper ruidosa. Sí, es diferente. Garantiza atención. Pero a menos que tu juicio sea con la comunidad de payasos, no es atractivo. Tal vez sea atractivo en la fiesta de cumpleaños de un niño de cinco años (incluso ahí es cuestionable). Pero, hombre, en el momento en que haces tu segunda entrada en el juzgado con tu minibicicleta, el jurado se retuerce para alejarse de ti. No importa la evidencia, perdiste el caso. Lo diferente gana atención. La atracción gana deseo.

Pero el DAD no está completo sin una indicación clara y específica. Ahora que el prospecto te notó y te puso atención, necesitas decirle qué diablos hacer. Cuando hablé con Jeff Walker, me explicó que el marketing es cada paso que das para que el cliente llegue a la decisión de comprar… y la venta es la acción final de esa decisión. Así que tu indicación clara y singular los debe llevar al siguiente paso.

Olvidar esa petición específica a actuar es uno de los errores más comunes en el marketing que he visto y que, debo admitirlo, he cometido. Uno de los más memorables y caros en términos de tiempo y costo fue el video del viejo de una sola bola que hice para promover mi libro *El Gran Plan*. Contratamos a un viejo actor local, un equipo de grabación y creamos una serie de videos.* El primero generó más de 100 mil vistas, genial. El único problema fue que no incluí una petición clara y específica de hacer algo.

Los videos eran diferentes, lo suficiente para llamar la atención; a mis lectores les parecieron graciosos —un indicador de atracción— y resonaron con el mensaje, pero, a la fecha, no sé si generaron alguna venta o atrajeron a alguien a mi lista de correos electrónicos. Nunca escuché de nadie que haya comprado el libro por ellos y, doble vergüenza para mí, no tenía forma de monitorear si habían funcionado.

Además de ser específico, el paso *dirigir* debe ser razonable. Tal vez mi objetivo de marketing es venderte una casa, pero una vez que tengo tu atención, no te pediría sacar millones en el momento. Es demasiado dinero y demasiado pronto. Es irracional. Una indicación razonable sería asistir a la inauguración o presentación de alguna casa de mi catálogo.

Una petición excesiva hará que los prospectos se alejen (o corran). Por el contrario, peticiones inadecuadas disminuirán (o detendrán) cualquier progreso hacia el resultado que quieres. Cuando obtengo tu atención con originalidad y la mantengo con relevancia, el paso *dirigir* debe ser específico para que sepas qué hacer y razonable para que te sientas seguro de hacerlo y te muevas con eficacia a tu objetivo.

No soy ajeno a los fracasos de marketing. Pero no me arrepiento de ninguno, porque aprendí de todos ellos. Cada vez que fracasé, después de martirizarme, preguntaba ¿qué estuvo mal en el proceso? ¿Dónde se descarriló? En retrospectiva siempre es obvio que de manera inevitable fue un error en uno (o una mezcla) de estos tres simples pasos del DAD.

Pero, ay, me tomó años decodificar los pasos *diferénciate*, *atrae* y *dirige*. Probé la estrategia en mis negocios y en los de colegas,

---

*Todavía puedes encontrar mis videos del viejo de una sola bola en YouTube. Sólo busca *one nut* y *Michalowicz*. Sí, entiendo mi chiste.

clientes y amigos. Lo refiné y simplifiqué hasta que estuve seguro de que daría resultados constantes. Ninguno de los pasos funciona solo, nunca.

Diferenciarse siempre llama la atención, pero también puede alejar a las personas. Atraer siempre interesa a la gente, pero sin algo diferente no llama la atención. Lo diferente pone la atracción a trabajar y viceversa, pero para obtener resultados también debes dar indicaciones. He hecho marketing que llamó la atención y que la gente consumió —el video del viejo de una sola bola—, pero que no obtuvo resultados. Una falla en la dirección.

Las mejores soluciones siempre funcionan con los humanos como son, no tratando de que cambien. El sistema DAD funciona porque encaja con nuestra programación natural, con la manera en que nuestro cerebro cavernícola filtra, analiza y actúa la información. Diferénciate, atrae, dirige. Ese orden, así de simple, siempre. El resto del libro te muestra con exactitud cómo usar DAD con el sistema de marketing diferente, pero el solo hecho de conocer el proceso de tres pasos mejorará en gran medida tu juego de marketing.

De ahora en adelante, quiero que uses la Estrategia DAD de marketing para evaluar cualquier publicidad que encuentres. Puede ser la tuya, un comercial de televisión, correo electrónico basura, correo directo, anuncios de internet, anuncios de radio, espectaculares, empaques de productos, un discurso de elevador, cualquier cosa. Sólo pregúntate: ¿Pasa el DAD?

Pruébalo ahora. Observa cualquier ejemplo de marketing a tu alrededor. Si estás leyendo este libro en el espacio exclusivo de la naturaleza, entonces usa la portada. Las portadas de los libros son empaques y los empaques son marketing. Sin importar lo que ves, pregúntate: "¿Pasa el DAD?". Revisa cada uno de los tres elementos. ¿Se diferencia? ¿Atrae? ¿Dirige? Si dices que sí a los tres, pasa. Si dices que no a uno o más de estos tres pasos, entonces pregúntate cómo lo arreglarías. Así de simple.

Ahora quiero que busques otro ejemplo y hagas la prueba DAD otra vez. ¿Lo hiciste? Bien. Ahora de nuevo.

La tercera vez lo tendrás arraigado de por vida. De nada.

Después de que Gabe Piña compartió que su prospecto ideal era el dueño de una tienda de puros, completamos su Estrategia DAD de marketing en minutos. A veces, lo diferente es algo que ya haces que tu competencia no y sólo necesitas amplificarlo. Éste fue el caso para Gabe. Ayudaba a gente de forma gratuita, sin pedir nada a cambio. Su competencia no hace trabajo gratis más allá de la llamada de consulta, que en realidad sólo es una llamada de ventas glorificada. Gabe hizo esto por generosidad real, por una ganancia personal, pero notó que muchas de las personas que recibieron esa ayuda con el tiempo lo contrataron. Ése fue nuestro punto de partida.

Después, consideramos cómo podría ofrecer asistencia gratuita en una escala mayor para diferenciarse. ¿Contenido gratuito tal vez? ¿Una descarga digital? ¿Una campaña de correo directo con consejos útiles?

—No quiero enviar un folleto pretencioso —me dijo.

En nuestra lluvia de ideas, hablamos de su libro de negocios favorito, uno que detallaba una filosofía y sistema que usaba cuando trabajaba con sus clientes. Se le ocurrió enviar ese libro a prospectos ideales.

Revisamos esa idea a través de la Estrategia DAD de marketing, verificando los componentes. Tenía una estrategia de marketing diferente que lo ayudaría a llamar la atención. Palomita. Esa estrategia atraería, no ahuyentaría, a sus clientes ideales. Palomita. Incluía una petición clara y específica. Palomita. ¡Pasó el DAD!

Gabe regresó del retiro en las montañas Great Smoky listo para realizar una prueba. Envió 10 libros con un Post-it en la primera página que decía: "Espero que este libro te sirva tanto como a mí". Luego su nombre y correo electrónico.

Recibir un libro como regalo por correo postal es inesperado y diferente, al menos para los prospectos de Gabe, así que obtuvo atención. Pero la mayoría de la gente no tiene tiempo para leer un libro, entonces lo guardó en la repisa y siguió con su día. Gabe modificó el experimento y volvió a probar.

Esta vez, Gabe agregó cinco notas adhesivas. Las colocó en páginas clave con mensajes como: "¡Este párrafo trae resultados! Espero te sirva" y "¡No te brinques esta página!". Sabía que la gente tal vez no leería el libro, pero vería las notas porque a) era fácil y b) los humanos son curiosos por naturaleza. La nota final señalaba un resumen del libro. En la nota Gabe escribió: "Esto hará que tu negocio consiga sus metas. Envíame un mensaje y te ayudaré con el proceso, gratis". Agregó su número de teléfono al final de la nota.

De nuevo, Gabe envío un libro a 10 nuevos consumidores ideales. Esta vez, había dado en el clavo con los componentes del DAD. Era diferente (un libro por correo postal), los prospectos estaban atraídos (las notas les ahorraron tiempo y crearon expectativa) y tenía una petición clara a hacer algo (enviar un mensaje a Gabe para obtener ayuda gratuita). Gabe sabía que, si podía sorprender a los prospectos con su asesoría gratis, lo contratarían para servicios futuros.

Esta estrategia de marketing diferente funcionó mejor de lo esperado. Gabe no sólo consiguió un cliente, siete prospectos le agradecieron de manera pública por el libro y publicaron fotos de la página firmada —no firmada por el autor, sino por Gabe—. ¡Genio! Agregaron mensajes como: "Gracias por ayudarme a mejorar mi negocio" y "¡Gabe Piña es increíble!". No fue un mal resultado para una segunda prueba de 10 libros.

El experimento fue un éxito, Gabe lo implementó. Ahora envía un promedio de cinco libros a la semana, lo que resulta en dos o tres clientes al mes. A veces recibe la llamada de un prospecto que no contestó de inmediato, diciendo algo así: "Ey, tengo el libro que mandaste hace unos meses. ¿Podemos hablar?". Si quiere acelerar las cosas, envía más libros. Si las quiere ralentizar, envía menos libros. Gabe tiene el control del crecimiento de su negocio. Tú también puedes.

El efecto en el balance final de Gabe fue un cambio en el juego. Y todo es resultado de seguir el sistema de *Sé diferente*. ¿La cereza del pastel? Muchos de los dueños de tiendas de puros fueron recíprocos y enviaron puros gratis a Gabe. Ahora su colección crece más rápido que nunca con regalos de prospectos. ¿Me entiendes? El marketing de Gabe le está generando clientes y un flujo continuo de regalos. ¿Qué marketing hace eso? ¡El diferente, nene!

Diferente es sólo una serie de pasos

No voy a endulzar esto: enfrentas una fuerza poderosa que puede vencerte antes de que termines el siguiente capítulo. Esa fuerza es la atracción hacia la monotonía. Eres humano, eso significa que estás más cómodo haciendo lo que ya has hecho y lo que otras personas en tu industria ya hacen. Los humanos tenemos una necesidad constante de conformarnos. Por mucho que queramos llamar la atención, también nos aterroriza hacer algo notable. *El miedo es el obstáculo número uno para crear marketing extraordinario.*

La única forma de vencer esa atracción gravitacional hacia la monotonía es actuar. Necesitas golpear al miedo justo en la nariz. Debes hacerlo, sin importar tus inquietudes. Y la mejor manera para actuar es dividir los pasos grandes en pequeños.

Justine Wise es un genio del marketing. No dejaría pasar por alto que su apellido estuvo presente en los Experimentos Sé diferente. Es un Realizador Diferente. Wise tiene un largo historial de ayudar a sus clientes a obtener resultados. Por eso confié en él para liderar nuestro Sistema de asesoría Sé diferente. Algunas personas necesitan asesoría para no rechazar sus mejores ideas y ser responsables de ellas. Justin y nuestro equipo acompañan a la gente a través del Sistema Sé diferente. y le ayudan a implementar los experimentos.[*] He aquí cómo Justin explica el poder de dividir los pasos requeridos para implementar tu marketing diferente:

"¿Qué es lo primero que hacen los doctores después de un trasplante de órgano? Te llenan de drogas para que el cuerpo no lo

---

[*] Ve a gogetdifferent.com y obtén los recursos gratuitos para ver cómo te ayudamos a asegurarte de que sigues *Sé diferente* de forma adecuada.

rechace. Tu cuerpo ve el órgano como un objeto ajeno y trata de eliminarlo. Se supone que eso hace tu sistema inmune. Las drogas engañan a tu sistema inmune para creer: 'Oye, este hígado es mi hígado. Este corazón es mi corazón'. Dividir el proceso hace eso para ti, casi te engaña para que no rechaces una idea diferente y digna. Los pasos pequeños son el antídoto para el rechazo. Y al hacerlo, tu negocio prospera con tu nuevo marketing".

Cuando le pedí a Justin que me compartiera un ejemplo, me contó sobre Valerie Donohue, dueña de ChatterBoss, una firma de asistencia virtual con sede en Brooklyn, Nueva York. "Val me llamó y dijo: 'Oye, quiero que se encarguen de mis anuncios'. Le dije: 'Podemos gestionarlos, pero son muy caros. Prefiero que hagas comerciales cuando estés por encima de la capacidad de clientes'. La gente usa los anuncios para generar prospectos y cuando eso no funciona tan bien como esperan, con frecuencia les dicen que deben aumentarlos la siguiente vez. Gastar cinco mil dólares mensuales, más el costo de una agencia, no es la solución. Es mejor usar comerciales para aumentar la generación de prospectos, no para crearla."

Hablando con Val, Justin comprendió que ella quería lanzar anuncios porque más de 70% de su negocio venía de recomendación de un socio estratégico y quería diversificar su fuente de prospectos para crecer.

Cuando Justin le presentó la Estrategia DAD de marketing a Val, una CEO con un negocio de ocho cifras, se sorprendió de nunca haber pensado *en esto* antes. En una sesión de asesoría, se les ocurrió una idea de marketing diferente que podría probar con facilidad. Como Gabe Piña, Val tenía un largo historial de ser generosa con sus clientes y les enviaba regalos con regularidad. Lo que distingue la compañía de Val de otras en su industria es que las contrataciones de Val no sólo están orientadas a las tareas, sino que resuelven problemas. Basándose tanto en su generosidad como en la posición única de su compañía, decidió enviar gorras personalizadas de beisbol a prospectos con las palabras *Gorra para pensar* al frente y, atrás, la petición de contactarla para una consulta gratis. Era diferente de las típicas plumas y botellas de agua que enviaban sus competidores. Y era una demostración de cómo sus asistentes virtuales (AV) podían hacer algo por los dueños de negocios que atendían. Si los prospectos contrataban su firma, se podían quitar la gorra de pensar y dejárselo a los AV.

En minutos, el miedo apareció. "Parecía un venado iluminado por los faros de un auto", explicó Justin. Para ella fue divertido sacar la (muy buena) idea de la gorra para pensar, pero en cuanto empezó a reflexionar en si lo haría, se congeló. Estaba abrumada por todo lo que tendría que hacer para lograrlo. O, mejor dicho, estaba abrumada por todas las cosas que no sabía que necesitaría saber para lograrlo. A esto lo llamo el *choque*, cuando tu entusiasmo y seguridad caen en picada. Si no tiras de las riendas, tu avión de confianza se estrella con excusas como "esto no va a funcionar" o "vamos a dejarlo en segundo plano por ahora". Aquí mueren las buenas ideas diferentes.

"No es difícil hacer estas cosas", dijo Justin. "Pero cuando la gente escucha la palabra *diferente*, ésta se convierte en un concepto nebuloso. Se abruma por no saber lo que sigue. En realidad, sólo es una serie de pasos. Igual que cualquier otra cosa que haga todos los días en el negocio."

Así que Justin ayudó a Val a dividir su idea de marketing de las gorras en pasos más pequeños. Primero, llamar a la empresa de productos publicitarios para obtener una cotización. Después, hacer una lista de 100 personas con las que quería trabajar. Luego, conseguir sus correos electrónicos y direcciones.

"Yo seguía preguntándole: '¿Qué va después?', hasta que ella tuvo todo el plan en pasos manejables, así como quién de su equipo se encargaría de cada paso", explicó Justin.

El primer envío de 50 gorras tuvo resultados inmediatos. Clientes y prospectos enviaron fotos usándolas —ahí está la reciprocidad de nuevo— y consiguió dos clientes nuevos: uno le dio un cheque de 12 mil dólares súper rápido y otro procesó un pago de ocho mil. Superar los miedos, actuar de forma inmediata, obtener dos clientes, ¿juntar 20 mil dólares? No está nada mal.

Para superar esa fuerza gravitacional de monotonía que jala hacia abajo, divide tu primer experimento de marketing diferente en pasos simples y manejables. Después, compártelos con alguien que te haga responsable.

"Tu libro es genial, pero no aplica para mí. Estamos en una industria establecida. Tu estrategia diferente requeriría muchos cambios y tiempo. Buen material, Mike, pero todo es teoría."

Mi viejo amigo de fraternidad de la universidad, Greg Eckler —su apodo, que prometí nunca compartir, es Greg Mojón; ups— tiene una agencia de bienes raíces. De manera amable se ofreció a leer un borrador anterior de mi libro y compartir sus comentarios críticos. Le envié el libro y 12 días después mi teléfono sonó.

—¿Qué hay, Caca de Vaca? —dijo. Los apodos de la fraternidad nunca mueren.

—Hola, Mojón —contesté.

Ahí dijo:

—Tu libro es genial, pero no aplica para mí...

Tal vez no te sorprenda que éste sea el comentario más común que escucho sobre *Sé diferente*. Quizá también te sientes así. Piensas que la implementación será muy difícil. Que hacer algo diferente llevará mucho tiempo. Que requerirá una enorme cantidad de esfuerzo. Y por eso, tal vez *descartes* este libro en la categoría de *ah, sí, lo leí. Gran libro. De verdaaaaad genial.* Y no hagas nada. Eso sería una pena. Una oportunidad perdida.

Por mucho que quise invocar la regla vitalicia de la fraternidad de 48 palazos por insultar a un anciano —soy ocho meses mayor que él—, hice la acción fraterna de ayudar a un hermano.

—Greg, *Sé diferente* no se trata de grandes oportunidades o movimientos. Es sobre hacer lo que nadie hace, en el nivel más pequeño. Observa todas las cosas en común y los estándares que tiene o hace la gente en tu industria. Elije la fruta más baja y fácil de cortar para destacar. Donde todo en la industria son manzanas... inserta una naranja.

—Bueno, todos los agentes inmobiliarios argumentan lo mismo. Todos son profesionales, minuciosos, geniales... Pero siendo honesto, somos mejores que ellos. Sólo me frustra que nuestros clientes no lo vean.

—Amigoooo. ¿En serio leíste el libro? Recuerda, mejor no es mejor. Lo mejor no se ve. Se esconde detrás del manto de monotonía de la industria. Una mejor manzana es indistinguible cuando está con otras manzanas. Necesitas llamar la atención de la gente antes de que te note de verdad y vea por qué eres mejor. Necesitas insertar una naranja. Es así de simple —luego, agregué—: Encontremos lo que te diferencia ahora mismo.

Nos llevó menos de dos minutos tener la primera idea.

—Cuéntame sobre la experiencia del cliente. Dime lo que todos los agentes inmobiliarios hacen para vender una casa.

—Un agente de ventas la sube a internet, tal vez la publique en un periódico y coloca un letrero de EN VENTA en la propiedad.

—Un momento, espera, ¿todos ponen un letrero de EN VENTA? ¿Todas las casas tienen uno?

—Sí, es una práctica estandarizada.

Una gran pista: cuando algo es una práctica estandarizada en la industria, es una gran oportunidad para ser diferente.

—Cuéntame cómo ponen los letreros —dije.

—Se ponen dentro de la propiedad, lo más cerca posible de la calle. Por lo general, son un letrero plegable o tienen un poste.

—¿Con qué frecuencia se ponen?

—Todo el tiempo. Es una práctica de marketing estandarizada —dijo Greg.

—¿Y si los letreros fueran diferentes? ¿Y si fuera un pequeño molino de viento, como los que a veces se ven en los jardines? ¿Y si el letrero se montara en uno de esos? —pregunté.

—Nunca he visto eso. Nadie...

Greg hizo una pausa. Después terminé la oración por él:

—Sí, Greg. Nadie lo hace.

Una naranja entre manzanas.

Cuando a ti, mi amigo lector, se te ocurre una estrategia que te inspira a decir "nadie hace eso", encontraste una idea diferente. Greg tuvo su primera idea: un molino de viento para letreros de EN VENTA.

Diferente no significa cambios masivos. Rara vez lo son. Pequeños cambios diferentes ganan. Lo diferente casi nunca es horrible, pero siempre es atípico. La clave es romper con el ruido blanco de la monotonía. En la mayoría de los casos no se necesita mucho.

Ahora Greg lo va a probar. Tal vez lo del molino de viento funcione. Tal vez no. El punto es implementar un pequeño cambio que, si tiene éxito, se pueda usar como la nueva *práctica estandarizada* de su compañía, que es cualquier cosa menos marketing estándar en la industria.

Si alguien sabe que lo diferente funciona es la policía. Piénsalo. *Deben* llamar tu atención. ¿De qué otra forma sabrías que te están deteniendo porque estabas muy ocupado cantando "I Can't Drive 55", de Sammy Hagar, como para darte cuenta de que el límite de velocidad había cambiado? (No es que yo sepa algo de eso.)

Esto es lo interesante de esas sirenas de policía: cambiaron. También las luces de los autos. Muchos distritos policiales han eliminado el antiguo patrón de luces rojas y azules parpadeantes y el icónico aullido bajo-alto-bajo-alto de las sirenas. Ahora tenemos luces parpadeantes y chirridos, bocinazos y chirridos aleatorios. Ya conoces la razón: nuestros cerebros están programados para ignorar lo conocido y notar lo inesperado (*alias* diferente).

Nota que los cambios a las sirenas y luces no fueron radicales, por lo que a veces algunas personas no se dan cuenta. Sé que he sido culpable de eso, distraído por una gran canción en la radio, o, ya sabes, por nuestros brillantes pensamientos. Pero pon algunos sonidos nuevos, tal vez unos chirridos aleatorios y ¡bingo! Ahora tienen mi atención. Ahora tengo mi momento de "oh, mierda". ¿Iba muy rápido? ¿No traigo luces de freno? ¿Me van a arrestar por escuchar a Sammy Hagar? (Una nota muy seria: soy un tipo blanco, así que es probable que los pensamientos y miedos que pasan por mi mente en esa situación sean muy diferentes de los de una persona de color. Ni siquiera puedo empezar a comprender lo que algunas personas han sufrido por la brutalidad policial y el miedo estremecedor que pueden evocar las sirenas y las luces.)

No tienes que cambiar todo. No necesitas esperar una idea genial. No debes hacer algo alocado, complicado o costoso. Tu diferenciador puede ser *diferente sólo lo suficiente* para llamar la atención. Algunos sonidos nuevos. Patrones aleatorios. Chirrido, chirrido. Trato hecho.

No tienes que ser intrépido o un superhéroe para llevar a cabo un Experimento Sé diferente. Sólo necesitas algunas ideas, un poco de coraje y el valor de proceder a pesar de tus miedos. En el siguiente capítulo, profundizaremos en la ideación. Incluso si crees que no tienes ni un hueso de creatividad en tu cuerpo, se te ocurrirán cosas con facilidad para probar.

Lo prometo: tú puedes.

Tu turno

Antes de avanzar, primero descubramos cómo otras personas describirían tu diferenciador. Siendo por completo honesto, quiero que veas lo increíble y valioso que eres para las personas que te conocen. Si no ves cómo tú y tu compañía son únicos, se debilitará tu Estrategia DAD de marketing.

¿Conoces esos espejos que ponen en la casa de la risa en las ferias y que muestran un reflejo distorsionado de tu cuerpo? La mayoría no vemos nuestro ser real. Exageramos fallas y minimizamos nuestras fortalezas, lo que dificulta pensar en ideas inspiradoras, incluso más difícil, actuar a partir de esas ideas. Comencemos a arreglar eso.

Paso 1. Identifica a 12 personas que te conozcan bien (o a tu compañía). Cuatro personas deben ser relaciones nuevas, es decir, menores a un año. Las siguientes cuatro deben conocerte (o a tu compañía) por más de un año, pero menos de 10. Y el último grupo son personas que te conocen (o a tu compañía) desde hace 10 años o más. No necesitas estar en comunicación activa o en una relación con estos individuos, pero sí necesitas una forma de estar en contacto con ellos.

Paso 2. Envía el siguiente mensaje a cada uno de los 12 contactos que enlistaste arriba:

El autor del libro que estoy leyendo me dejó una tarea que necesito completar de inmediato. Me pidieron seleccionar a alguien que me conozca bien, ¡así que me encantaría que me ayudaras! Necesito saber cuál crees que es mi factor diferenciador, algo que hago mejor o diferente que los demás. Tu respuesta no tiene que ser larga. Con una oración es suficiente. Usaré tus comentarios para mejorar la posición de mi negocio. ¡Muchas gracias!

Si estás tratando de identificar la singularidad de tu compañía en vez de la tuya, cambia el texto para que diga: "Me pidieron seleccionar a alguien que conozca bien mi compañía" y "Necesito saber qué crees que hace diferente a nuestra compañía del resto: algo que hacemos de manera diferente o mejor que las demás".

Paso 3. Revisa las respuestas que recibiste de los contactos e identifica las tres observaciones más comunes sobre tu factor diferenciador. Necesitas al menos 10 respuestas para que este ejercicio sea efectivo. Si no alcanzas esa cantidad, envía más mensajes.

Paso 4. Con el top tres de factores diferenciadores identificados en el paso 3, reflexiona cómo estos temas te distinguen a ti y a tu compañía.

Capítulo tres
Cien objetivos

Deberías saber de antemano que no estamos haciendo marketing diferente basándonos en una intuición. No, estamos publicitando de manera diferente basados en ciencia, ciencia del cerebro en su mayoría, pero también en *tu* ciencia. La parte de *tu* es la parte de la evaluación y prueba, donde *tú* determinas si vale la pena probar determinada estrategia de marketing y monitorear su efectividad. Para seguir la ciencia, necesitarás una muestra de tamaño decente. Si acorralas a un estadista en un bar (como lo hice), te dirá que casi todos concuerdan en que la muestra mínima para obtener un resultado confiable es de 100 elementos.

La doctora Piroska Bisits-Bullen, científica de datos, habla de manera activa sobre la toma de decisiones basadas en datos. En su artículo "Cómo escoger el tamaño de una muestra (para Statistically Challenged)", la doctora Bisits-Bullen comparte algunas reglas básicas para asegurar que la información que analizas te indique si el experimento funcionará a gran escala. Afirma que un buen tamaño de muestra es el 10% de toda la población objetivo y que nunca debe ser menor a 100 personas u organizaciones. Si tu objetivo de marketing son cinco mil prospectos, entonces necesitarás un mínimo de 100 y un máximo de 500 para una prueba exitosa. Para asegurarte de la efectividad de tu marketing, prueba con 500. Para mantener los costos bajos, consigue por lo menos 100. Pero mantente en ese margen.

Para la mayoría de los negocios, 100 prospectos son suficientes para empezar un experimento de marketing diferente. Es suficiente para comenzar una minicampaña y para generar el músculo de marketing diferente. Y, en muchos casos, si tu experimento es bastante diferente, 100 prospectos serán una muestra suficiente para conseguir el primer cliente (o dos). Esto funciona en negocios de servicio, de productos y casi en cualquier tipo de negocio.

Toma en cuenta que puedes alcanzar los 100 prospectos poco a poco. Recuerda a Gabe, el contador amante de los puros que conociste en el capítulo anterior. Envió 10 libros la primera semana, luego otros 10 la siguiente semana y así siguió hasta que alcanzó su tamaño de muestra. Lo hizo de esta forma porque era más fácil para su cuenta bancaria.

Reflexiona. Si pudieras dirigirte a sólo 100 prospectos, ¿quiénes serían? ¿Quiénes forman parte del top 100 de prospectos ideales que te gustaría tener como clientes? Necesito saber, porque estamos a punto de conseguirlos.

Para ser claros, no estoy sugiriendo que imagines el tipo de persona con la que quieres trabajar. Te estoy pidiendo una lista real, el nombre del contacto, el nombre de la compañía (si aplica), dirección de correo electrónico, dirección física, todo eso. Y si no tienes idea de quiénes son, ya te puedo decir por qué tu marketing no da los resultados que quieres. No estoy tratando de ser un idiota con esto (bueno, tal vez un poco) pero si no sabes quiénes te necesitan, ¿cómo puedes hacer marketing para ellos?

Pescar grandes clientes es como pescar, bueno, peces. Antes de escoger un lugar para pescar, antes de lanzar la carnada, necesitas saber qué pez quieres atrapar. Puedes ir tras un marlín todo el día, pero si estás pescando con gusanos en el estanque detrás de tu jardín, no va a suceder. Y si tratas de pescar marlín en el estanque detrás de tu jardín, no sólo no va a suceder, te verás muy extraño atado a una silla giratoria jalando un pez guppy.

La clave para el marketing exitoso es saber el *quién*, *qué* y la *recompensa*. Repite esa lista en tu cabeza hasta que esté arraigada.

Quién, qué y la *recompensa*... *Quién, qué* y la *recompensa*. ¿Entendido? Estos tres elementos críticos de la misión consiguen a tu prospecto ideal (*quién*), tu oferta ideal (*qué*) y tu resultado de marketing ideal (*recompensa*). Conoce estos tres elementos y podrás publicitar de forma más efectiva que nunca. Y todo comienza con el *quién*: tus prospectos ideales.

El *quién*

¿No sabes quiénes son tus 100 clientes objetivo? He aquí cómo encontrarlos con rapidez. Primero, empieza con tu base de clientes existente —asumo que tienes una—. Si no la tienes, no te preocupes, te enseñaré cómo hacer esa lista desde cero.

Comienza imprimiendo tu lista de clientes existente acomodándolos de mayor a menor ingreso en los últimos dos años. Es importante hacerlo de esta forma porque los clientes demuestran lo mucho que te aprecian con lo mucho que gastan. Queremos clonar a los clientes que nos aprecian y gastan mucho en nosotros. Y aunque tus clientes existentes no son representación de todos en su categoría, son un atajo para encontrar más como ellos.

Una vez que identificas a los clientes que más te valoran, haz un análisis *crush / cringe* —viene en el libro *El sistema Clockwork*—. De los clientes que has enlistado hasta ahora, ¿con quién te encantaría hacer negocios? Son las personas que, cuando aparecen en tu identificador de llamadas del teléfono, te emocionan por completo. Te encanta escucharlas y atenderlas. Pon una carita feliz al lado de cada *crush* que tengas en esta lista de clientes.

Ahora hagamos esto otra vez para los *cringers*. Éstos son los clientes que, cuando aparecen en el identificador de llamadas, dices en tu cabeza (y a veces en voz alta): "Maldita seaaaaaaaaaa. No esta persona. No ahora". Nunca harás felices a estos clientes, no importa lo que hagas. Hacen que te eches vodka en la cara y te des una cachetada antes de devolverles la llamada. Ésos son los *cringers*. Pon una carita triste al lado de ellos.

A continuación, encierra en un círculo al 10% de clientes de tu lista con los mayores ingresos (a los que más les gustas) y que estén marcados como *crush* (los que más te gustan). Quieres más como ellos. Piensa en específico en un cliente que represente los grandes ingresos que adoras. Ahora imagina que 10 de sus clones entran a tu oficina y sueltan algo de dinero para trabajar contigo. Eso sería un cambio de juego para tu negocio, ¿no?

Análisis crush / cringe

CLIENTE	INGRESO	CRUSH / CRINGE
Hoolinium Co.	$ 50 000	☹
InterCommuTech	$ 35 000	☺
Umbrella Co.	$ 20 000	☺
North Integration Inc.	$ 12 000	☹
GlobalTech	$ 8 000	☹
Iscram	$ 5 000	☺
Fan City Tickets	$ 5 000	☺
Centralware	$ 5 000	☹
Amplex	$ 4 500	☹
Rangreen	$ 4 000	☺

Con esta simple información, empezaremos a construir tu lista de los mejores 100 prospectos. Pero ¿y si no tienes a ningún cliente que quieras clonar? En ese caso, que sí sucede, te clonamos a ti. ¿Qué características tienes que deseas en tus clientes? Conociendo esta información, buscamos a otras personas a tu alrededor (tus proveedores, tus amigos, cualquiera en tu círculo) que sean como tú. Entre estas personas, ¿quién te gusta más? Esta gente te dará pistas sobre la comunidad a la que puedes dirigirte.*

Al final del día *Dios los crea y ellos se juntan*. El atajo para construir tu lista de 100 prospectos es buscar a sus clones. Quizá sus competidores y proveedores son como ellos. Si Coca-Cola es tu mejor cliente, hay probabilidades de que su competidor, Pepsi, también sea un gran cliente para ti. Si Ford, el manufacturero de automóviles es tu mejor cliente, seguro Goodyear, un manufacturero de llantas y proveedor de Ford, es un buen prospecto a considerar.

He aquí la técnica para conseguir a tus prospectos de élite:

1) Escribe todo lo que sabes que define al avatar de tu mejor cliente, que representa los mayores ingresos y con quien más disfrutas trabajar.

2) Comienza con datos demográficos, como industria, título, género, edad, situación familiar y orientación religiosa. Después profundiza en la psicografía al definir sus mayores problemas y soluciones deseadas. Recuerda: buscamos grandes clientes que tienen justo el problema que tú puedes solucionar.

3) A continuación, busca grupos, plataformas, reuniones, conferencias y podcasts donde tu avatar comparta conocimiento, aprendizaje, a donde vaya a entretenerse y de manera ideal a buscar soluciones para sus mayores problemas. Ahí es a donde necesitas ir. Quieres encontrar estos puntos de congregación y hacer marketing para ellos ahí.

4) Haz una búsqueda en internet que diga *ayudar a (avatar) con (problema)* o *ayuda con (problema) para (avatar)* o una búsqueda para tu avatar que especifique el problema. Por ejemplo, si eres dueño de un servicio de niñeras y descubres

---

*Documenté todo el sistema para hacer crecer tu negocio de manera rápida y orgánica en *El Gran Plan*. Lo que acabo de compartir en este libro son principios básicos. Si quieres dominarlo, compra *El Gran Plan* en tu librería favorita.

que tu avatar ideal son mamás con múltiples niños, podrías buscar *ayuda para mamás de gemelos abrumadas*. Encontrarás sitios de internet, recursos, reuniones y más. Todos los lugares donde tu avatar se reúne. Ve si puedes obtener información de los participantes, tal vez te puedas asociar con los encargados del sitio para compartir conocimiento y hacer conexiones, tal vez puedas comprar una lista o incluso ofrecer ayuda para crear una. Pregunta a los anfitriones cómo obtener acceso a la gente o propón una forma en la que el anfitrión pueda ganar mientras tú generas tu lista de prospectos.

5) Haz una búsqueda en internet que sólo especifique a tu avatar ideal. Por ejemplo, digamos que tienes un producto que se usa en aviones y que tu cliente ideal son los pilotos que pueden decidir sobre cambios en la cabina. Una búsqueda de *pilotos que han trabajado más de 20 años en la industria* o *cómo los pilotos veteranos influyen en lo que se instala en las cabinas* arroja varios artículos para organizaciones que hablan sobre esta comunidad. Puedes contactar a estas personas y organizaciones para aprender más.

6) Las redes sociales son una manera poderosa de generar una lista de clientes ideales. No estoy diciendo que sea tu plataforma de marketing primaria, pero puedes generar buenas listas con ellas porque están muy enfocadas. Dales a los prospectos algo gratis a cambio de su información de contacto.

7) Si eres una empresa B2B, busca en internet el nombre de un cliente ideal existente y añade las palabras *competencia de* o *alternativas de*. Es una gran forma de encontrar clientes potenciales nuevos. Por ejemplo, si buscas *alternativas a Mike Michalowicz* el internet colapsa. Estoy bromeando. Te muestra como resultado una página llamada Goodreads y una lista de unas cuantas docenas de autores que "a miembros de Goodreads también les gusta". Uno de ellos es 50

Cent, supongo que es por mi corta carrera en el hip-hop.*
O porque es autor de algunos libros muy populares que incluyen lecciones de su carrera empresarial.

8) También puedes comprar listas. Busca listas de prospectos y usa los parámetros de tu avatar ideal para encontrarlos.

9) Busca publicidad de tus prospectos ideales —de nuevo, ideal para las empresas B2B—. Si vendes servicios para compañías de reparación de computadoras, por ejemplo, busca *compañías de reparación de computadoras cerca de mí* o *compañías de reparación de computadoras en (un área específica)* y te arrojará una lista.

10) Para una empresa B2C busca *clubs de (avatar)*, *reunión de (avatar)*, *grupos de apoyo de (avatar)* o *eventos de (avatar)*.

11) Hazlo a la vieja escuela y crea redes de trabajo. Desempolva tus tarjetas de presentación y sal. Ve a los lugares donde tus prospectos ideales se reúnen y obtén sus tarjetas de presentación (o una forma de contactarlos). La lista se crea en esas reuniones, las oportunidades vienen con los contactos posteriores.

Recuerda, estás buscando lo que yo llamo *puntos de congregación*: lugares donde estos clientes se encuentran unos con otros. El objetivo es que te agregues ahí. Así que busca de la forma en que estos prospectos se buscarían entre sí. ¿Qué términos usan para identificarse? ¿Cuál es el problema que quieren arreglar? Realiza esas investigaciones y ve a dónde te llevan. Después, encuentra cómo acceder a la lista. En algunos casos, el guardia será la persona que aloja el sitio. En muchos casos, si buscas de varias formas, encontrarás la información disponible de manera gratuita.

---

*Cuando digo "corta carrera en el hip-hop", duró tan poco como una página de internet, unas horas. Si quieres ver mi trabajo bueno, busca mi nombre artístico, Fat Daddy Fat Back, y serás cautivado por algo diferente.

A veces tendrás que hacer más marketing circunstancial. Por ejemplo, mientras escribía esto, empecé la compra de un auto. Por un tiempo quise el mejor y más nuevo. Pero ahora parece que estoy en una especie de extraña crisis inversa de la mediana edad, porque un día me desperté y me di cuenta de que no me importaba tanto. De hecho, en estos días me alegra más ver cuánto tiempo puedo conservar un coche antes de que deje de tener sentido. Casi debo tener una cinta adhesiva en la guantera para mantener el coche unido. Todavía no llego a ese punto, pero estoy cerca. Así que, ¿cómo me encuentras?

Bueno, de algunas maneras. Una es a través de marketing en internet. La gente busca lo que le pasa por la mente. He inspeccionado muchos autos y si reviso el análisis de búsqueda, mostraría que con el tiempo la frecuencia de mi navegación en internet aumentó y se volvió más específica. Así que ése es un indicador de comportamiento y seguro puedes pagar por publicidad para atraer prospectos que hacen búsquedas relevantes a lo que ofertas.

De forma alternativa, existen tendencias estándar. Teclea *con qué frecuencia la gente compra autos* y encontrarás una estadística. Luego usa esa estadística para encontrar puntos de congregación. Por ejemplo, si la persona promedio compra un auto cada ocho años, puedes tratar de identificar a personas que compraron un auto hace ocho años.

El *qué*

Ahora sabes a quién dirigirte. Si todavía no tienes la lista de 100 objetivos, está bien. Pero necesitas algo. No sigas leyendo sin actuar. Dame algo. Lo que sea. Incluso si quieres correr, dame 10 nombres. Puedes hacerlo justo ahora.

La siguiente pregunta es "¿Qué?". ¿Qué les vas a vender a esos 100 objetivos? Seguro ya tienes algo en mente. Digo, evaluaste a tus clientes existentes, lo que significa que ya estás comercializando algo. Incluso si basaste tus prospectos en ti, igual es probable que tengas algo en mente para ofrecer. ¿Qué es?

Conociendo lo que planeas vender, descubre por qué más de 100 personas deben querer tu oferta. Sí, haces un millón de cosas grandiosas. Eso lo entiendo. Pero para que ellos te noten y se sientan atraídos por ti, deben saber si satisfaces su deseo principal. Regresando a mi búsqueda de coche, tengo un componente principal en mi decisión: quiero transportar cosas. Me gusta hacer eso, me hace sentir como una persona ruda. Me gusta cortar leña y llevarla a casa. Me gusta construir cosas, estoy planeando un jardín elevado para el próximo proyecto de la casa. Mi versión de un fin de semana guerrero es: yo con botas de trabajo y todo cubierto de polvo. Con esta imagen no me veo en un pequeño sedan, pero va bien con una camioneta pickup. Eso encaja con mi imagen. Así que la característica que quiero es que sea una pickup y el beneficio es que me siento más rudo.

También quiero un vehículo eléctrico. Sé que tal vez no tenga mucho impacto en el ambiente, pero es un paso en la dirección correcta. Además, no me gusta el olor a escape. También quiero algo pequeño, lo suficiente para estacionarme con facilidad. Vivo en Nueva Jersey, un estado donde la gente vive encima de gente y donde cuando por fin encuentras un lugar para estacionarte, es muy apretado. También quiero todas las opciones extra. Asientos con calefacción, todo eléctrico y si puede darme un masaje, también lo quiero.

La compañía que fabrique una pickup eléctrica con trucos que me haga sentir como un tipo rudo y que dure más de 10 años (sin tener que usar cinta adhesiva) conseguirá mi atención. Estoy obteniendo lo que quiero y eso es lo que mejor me sirve como cliente.

Así que pregúntate, en específico, ¿qué tiene tu producto que beneficie más a tus clientes ideales? Antes de que puedas dirigir tu marketing a tus 100 objetivos, necesitas averiguar el *qué* más atractivo para ellos. La Estrategia DAD de marketing funciona justo así:

Te *diferencias* para que los *quién* te noten. Los *atraes* enfatizando el mayor beneficio de tu *qué*. Y los *diriges* sobre cómo actuar al tener una *recompensa* clara.

La recompensa

El objetivo final de todo marketing es lograr lo que quieres. Puede ser para obtener o conservar a un cliente. Puede ser para conseguir una recomendación. Podría ser alguien para ofrecer tiempo como voluntario. Ahora que conoces a tu avatar ideal (quién) y lo que pretendes venderle (qué), identificarás el resultado final que quieres (recompensa). Esto es el quién, qué y la recompensa.

Digamos que tienes un negocio de techado. Para ti, la *recompensa* es un cliente que compra un nuevo techo, pero los prospectos no tienen una lista de techadores en su bolsa. Con frecuencia, cuando un techo tiene goteras y el dueño de la casa sube al ático para buscar la causa, espera que alguien haya dejado una cubeta de agua y una ardilla la haya tirado. Por desgracia, el problema es un techo con goteras y su situación es tu oportunidad de hacer el marketing de *Sé diferente*. Necesitas el quién, qué y la recompensa. El *quién* es el propietario del techo con goteras. El *qué* es un techo que no gotee. Y la *recompensa* es el propietario comprando el techo nuevo.

Recuerda que la Estrategia DAD de marketing se relaciona con el quién, qué y la recompensa. Una vez que tienes su atención y concentración, necesitamos dirigirlos sobre qué hacer para llegar a la recompensa, con pasos razonables. Tu recompensa puede hacer que gasten 20 mil dólares en un techo nuevo, pero si tu marketing dice: "¡Dame 20 mil ahora!", puede ser una petición muy irracional. Más bien necesitamos movernos de manera eficiente hacia la recompensa, mientras somos cuidadosos de no desalentar al prospecto de continuar.

Así que, aunque la recompensa sea vender un techo de 20 mil dólares, la primera experiencia del prospecto con nuestro marketing tal vez sea pedir información de contacto. Por ejemplo: "Obtén 10 consejos imprescindibles sobre techos", danos tu correo electrónico; u "Obtén un presupuesto gratis" a cambio de tu número telefónico.

De nuevo, el objetivo final de todo el marketing es conseguir lo que quieres. Una vez que determinas tu recompensa, le ofreces dirección al prospecto para que dé pasos específicos y razonables hacia ella.

El formulario del Experimento Sé diferente

Generas seguridad al hacer, al actuar, al correr un pequeño riesgo a la vez. En su libro *El principio del progreso: La importancia de los pequeños logros para la motivación y la creatividad en el trabajo*, la profesora de Harvard Teresa Amabile muestra que logros menores y regulares pueden ser más efectivos que conseguir un gran éxito. Explica: "En días donde la gente hace un progreso real en un trabajo que le importa, termina el día sintiéndose más motivada de manera intrínseca, excitada por su interés y disfrute del trabajo".

Para ayudarte a tomar estos pequeños riesgos, creé el formulario del Experimento Sé diferente Descárgalo de manera gratuita en gogetdifferent.com. Si lo prefieres, sólo usa una hoja de papel o registra los experimentos en un diario. Completarás elementos del formulario en este capítulo y en los siguientes tres. Después, en el capítulo 7, te acompañaré para llenarlo de principio a fin y determinar si tu idea de marketing diferente de verdad funciona.

Para tener claridad en nuestro objetivo, comienza llenando con detalle el quién, qué y la recompensa. Esto nos posicionará para hacer Experimentos Sé diferente, así que no te brinques este paso.

Recuerda que no lo estás haciendo solo, tienes un ejemplo y yo haré todos los formularios contigo.

FORMULARIO DE EXPERIMENTOS
SÉ DIFERENTE

PARA _____
FECHA _____ PRUEBA # _____

PASO 1: OBJETIVO

QUIÉN
¿Quién es el prospecto ideal?
_____

QUÉ
¿Qué oferta les ayuda más?
_____

RECOMPENSA
¿Cuál es el resultado que quieres?
_____

PASO 2: INVERSIÓN

VVC DEL CLIENTE: _____
El típico valor de vida (ingresos) de un cliente.

TASA DE CIERRE PROBABLE: _____ DE CADA _____
La tasa de cierre probable de prospectos, por ejemplo 1 de cada 5.

INVERSIÓN POR PROSPECTO: _____
La cantidad de dinero que estás dispuesto a arriesgar para conseguir un prospecto.

NOTAS:

PASO 3: EXPERIMENTACIÓN

MEDIO: _____
¿Qué plataforma de marketing usarás? Por ejemplo, sitio de internet, correo electrónico, correo directo, espectacular, etcétera.

IDEA:

¿CUMPLE LA ESTRATEGIA DAD?

☐ **DIFERENCIARSE**
¿Tu idea no se puede ignorar?

☐ **ATRAER**
¿Es una oportunidad segura?

☐ **DIRIGIR**
¿Es una petición específica y razonable?

PASO 4: MEDICIÓN

INTENCIONES	RESULTADOS
FECHA DE INICIO: _____	**FECHA DE TÉRMINO:** _____
# DE PROSPECTOS PREVISTOS: _____	**# REAL DE PROSPECTOS:** _____
RETORNO PREVISTO: _____	**RETORNO REAL:** _____
INVERSIÓN PREVISTA: _____	**INVERSIÓN REAL:** _____

OBSERVACIONES:

VEREDICTO {
- **EXPANDIR Y MONITOREAR** — Usarla como una estrategia continua
- **REPETIR LA PRUEBA** — Probar con una nueva muestra
- **MEJORAR** — Corregir e intentar de nuevo
- **ABANDONAR** — Empezar un experimento nuevo

El Formulario del Experimento Sé diferente

PASO 1: OBJETIVO	
QUIÉN ¿Quién es el prospecto ideal?	
QUÉ ¿Qué oferta les ayuda más?	
RECOMPENSA ¿Cuál es el resultado que quieres?	

PASO 1: OBJETIVO: Primera etapa de un Experimento Sé diferente donde se definen el prospecto, la oferta y el resultado deseado.

He aquí lo que escribí:

> Quién: Un empresario *que lleva las de perder* con un producto o servicio superior a las alternativas, pero que lucha para que lo vean ya que su marketing no es efectivo.
>
> Qué: Mi libro *Sé diferente* porque da una estrategia de marketing simple y poderosa que usará por siempre.
>
> Recompensa: Que compren el libro *Sé diferente*.

En el ejemplo, mi *quién* es el prospecto ideal. Él es mi objetivo específico del marketing de *Sé diferente*, pero puede que otras personas también se sientan atraídas. Tal vez los empleados de marketing de una gran organización se beneficiarían de este libro. Quizá un empresario exitoso lo use. El punto es que puse como objetivo de marketing a una comunidad, pero no excluí a otras que podrían interesarse.

Si observas mi *qué*, verás que mi objetivo es hacer marketing de este libro. Claro, tengo otras cosas que ofrezco, como el Sistema de asesoría Sé diferente y eventos en vivo, pero necesito reducirlo a lo único que estoy publicitando. Haz lo mismo. Escoge la cosa que vas a ofrecer a una comunidad. Una cosa para una comunidad por experimento. Después puedes realizar innumerables experimentos de marketing para vender otras cosas, según sea necesario.

La *recompensa* es que compren el libro. De nuevo, me enfoco sólo en una cosa. Necesito hacer marketing de manera que lleve a mi *quién* a comprar el libro. De esto se trata todo. Una vez que consigo ese resultado, puedo introducir otro marketing Sé diferente. Tal vez conseguir que un lector aliente a otros a leer el libro. Pero de nuevo, mantenlo simple: una acción, para un tipo de prospecto por experimento.

¿Qué estás dispuesto a invertir?

Ésta es una pregunta crítica para ti: ¿Cuál es el valor de vida del cliente (VVC) si consigues a tu consumidor ideal? Es decir, ¿cuál es el ingreso que esperas que te genere en todas las transacciones que haga contigo, durante todo el tiempo que trabaje contigo? De manera alterna, puedes escoger otros cálculos para el VVC, como ganancia o margen bruto. Pero, por el bien de la simplicidad, te sugiero que lo bases en ingresos y uses un sistema como el que señalo en *La ganancia es primero* para asegurar ganancias en cada transacción que tengas.

Si estás batallando por adivinar el VVC del cliente, sólo observa a los mejores clientes que has tenido hasta la fecha y multiplica su ingreso promedio anual por el número de años que esperas seguir atendiéndolos. No quiero que te empantanes en los detalles, pero sí necesito un número aproximado. ¿Un cliente ideal genera 100 dólares de ingreso a lo largo de su vida? ¿O son mil, 20 mil o 75 mil? ¿Son más de dos millones? Dame un número aproximado.

Ahora analicemos la probabilidad de que consigas a ese cliente. ¿Cuáles son las probabilidades (si le haces marketing directo y efectivo a uno de tus Cien Objetivos de prospectos) de obtener su atención y ganar el negocio? Éstas son las Tasas de Cierre Probable. Antes de que contestes, quiero saber cuál es tu mejor estimación de las probabilidades en función de tu mayor esfuerzo de marketing si das lo mejor de ti. ¿Uno de dos? ¿Uno de cinco? ¿Uno de 10? Si no estás seguro de cómo contestar esto, observa tus tasas de conversión de esfuerzos pasados de marketing. O busca las tasas de conversión promedio en tu industria.

Ahora, considerando el VVC y la Tasa de Cierre Probable, ¿qué estás dispuesto a invertir por prospecto para que eso suceda? Piénsalo como una apuesta. Tal vez es blackjack, póker o adivinar quién va a ganar los Premios de la Academia. Averigua cuánto quieres invertir basado en el pozo (VVC) y en las probabilidades de ganar ese pozo (Tasa de Cierre Probable). ¿Cuánto apostarías? En serio, ¿cuánto? Conoces la bolsa acumulada. Por el VVC de tu cliente ideal, ¿cuánto crees que vale la pena arriesgar?

¿Qué escogiste? ¿Apostaste 200 dólares? ¿Tal vez dos mil? Un cliente ideal, que te deja 10 mil dólares, en vez de a tu competidor, bien puede valer la pena una apuesta de 300 o 400 dólares. Y si tus probabilidades son de una en cinco o una en tres, dispara, tal vez valga la pena apostar unos cuantos miles de dólares. Al final, sin importar qué número hayas escogido, llegamos a algo importante. Llegamos a tu Inversión por Prospecto de marketing.

Entiendo que esto está lejos de ser científico y que necesitarás realizar cálculos reales. El objetivo aquí era entrar al ruedo y que vieras qué gasto en marketing sientes adecuado por cada cliente ideal.

Ahora que sabes los números principales, el VVC de un prospecto ideal, las probabilidades de conseguirlo y lo que estás dispuesto a gastar, tenemos los parámetros para hacer marketing de forma diferente para obtener resultados.

Si en este ejemplo tu gasto de Inversión por Prospecto fueron 100 dólares, sospecho que ves de manera instantánea que el marketing por correo electrónico o cualquier cosa aburrida que todos los demás hacen no será suficiente. Para nada.

Mientras escribía este libro, a veces le preguntaba a mi comunidad sobre sus retos de marketing. Así conocí a Linda Weathers. Un domingo a las 3:54 p.m. publiqué esto: "Busco la historia del dueño de algún negocio que no tenga éxito con su marketing y se quiera rendir. O que acaba de ceder y siente que así debe de ser". Cuatro minutos después, ésta fue su respuesta:

> Llevo los últimos nueve meses desde que empecé mi negocio tratando de averiguar eso. Me rendí y contraté a alguien y no pasó nada. Gasté miles de dólares tratando de hacer que el marketing funcionara. Trabajé con docenas de supuestos especialistas, publiqué por mi cuenta, leí sobre qué publicar y mucho más. Soy contadora especializada en impuestos. Es un negocio del que nadie quiere hablar. Les ahorro a mis clientes hasta 30 mil dólares al año en impuestos (justo eso hice por mi primer cliente). Tengo un sitio de internet, contraté a otro diseñador web y después a otro hasta que encontré a uno que creó una página que me gustara, ésa cubría todo lo que hago de manera adecuada y profesional. Y, aun así, no había ventas.
>
> Encontré a otro "asesor" que estaba enseñando a la gente cómo hacer su marketing. Le dije que no quería aprender nada más y gastar más dinero, así que accedió a hacer el marketing por mí. Me dijo que tenía mucho conocimiento y que cualquiera que hablara conmigo querría contratarme. Pensó que podría conseguirme de 30 a 50 contactos con quienes hablar en 30 días. Cinco meses, ocho mil dólares después y todavía no tengo nada. Por fin me consiguió una persona con quien hablar y era alguien con quien ya había trabajado.
>
> Todo lo que hago es sentarme en la computadora tratando de pensar en algo para conseguir clientes. Paso mucho tiempo frente a la computadora, de 8:00 a.m. a 9:00 p.m. y a veces más. Aprendo cosas nuevas que tal vez puedan ayudarme a conseguir clientes. En realidad, tengo unas ocho horas de trabajo a la semana con los pocos clientes que tenía cuando era un trabajo de medio tiempo. Necesito 10 veces los clientes que tengo ahora sólo para seguir pagando la renta. Es muy desalentador que nada parezca funcionar.

La respuesta de Linda fue difícil de leer. Sentí que se aprovechó de ella la gran mentira del marketing: cuando tu marketing no funciona, es porque no estás haciendo lo suficiente.

Supe de inmediato que la quería ayudar a salir de esa trampa, así que le pedí hacer una llamada. Cinco minutos después nos reunimos por primera vez en Zoom. Tomó la llamada desde su habitación porque su hermana y el novio de ésta se habían mudado a su departamento para ayudarle con los gastos, así que tenía poca privacidad. También dirigía su negocio de contabilidad desde esa habitación. Y tal vez, de manera ocasional, también trataba de dormir ahí, aunque sospecho que estaba lejos de un sueño de calidad.

Durante la siguiente hora, Linda explicó su situación. Llevaba poco más de un año en el negocio y todavía no tenía clientes regulares. Sin saber cómo conseguirlos, había invertido en tres programas diferentes que la ayudarían a conseguir prospectos. ¿Adivina cuánto gastó? ¿Cuánto habrías arriesgado tú en el día uno? ¿En el día 60? ¿En el día 200?

Linda gastó más de 50 mil dólares. No tenía idea de qué esperar en lo que respecta al VVC porque acababa de lanzar su compañía, pero estaba dispuesta a arriesgar los ahorros de su vida y a endeudarse para encontrar clientes potenciales. Ahí fue donde me enojé un poco porque los "expertos en marketing" que le prometieron la luna deberían estar avergonzados. Sangrar a la gente con promesas vacías es ser bastante miserable en el mejor de los casos, criminal en los peores. Me dan ganas de arrojar papel higiénico en sus hogares. Justo antes de que llueva. Tú me ayudarías, ¿verdad? Sí, sé que lo harías.

Linda me dijo que un supuesto experto le cobró cinco mil dólares al mes con la promesa de un montón de clientes potenciales. "No obtuve ni un cliente potencial el primer mes, así que me dijo que necesitaba hacer más —confesó Linda—. Entonces aumenté la cantidad."

Después de unos meses y cientos de miles de dólares en esta historia de terror tan común, todavía no tenía un solo cliente y, como muchos empresarios con los que he trabajado, estaba exhausta. Y aun así pensó que tal vez no estaba invirtiendo lo suficiente. "Me pregunto si necesito seguir con esto", dijo. No.

Somos más vulnerables a los esquemas de mierda de enriquecimiento rápido cuando los tiempos son difíciles, cuando estamos desesperados por algo, por cualquier cosa que funcione. Cuando invertimos en métodos tradicionales de marketing como pagar por generación de prospectos y anuncios y obtenemos resultados horribles, con frecuencia sentimos como si hubiéramos hecho algo mal. O como si no hubiéramos hecho suficiente. Con frecuencia nos hacen sentir eso *expertos* sin escrúpulos. Pero no es verdad.

"Linda, la estrategia que te voy a enseñar no te va a costar nada", le dije. "Sólo tienes que estar dispuesta a hacer algo diferente." Agradecida y ansiosa, aceptó seguir el sistema Sé diferente con mi guía.

Justo como te lo pedí a ti, primero hizo su lista de 100 clientes objetivo. Después, creamos una campaña a través de correo electrónico diferente que podía enviar por su cuenta. En tres semanas, consiguió dos clientes nuevos y un prospecto.

En tres semanas.

Comparemos resultados. Su generador de clientes tradicional le costó 50 mil dólares y en nueve meses consiguió cero clientes. El sistema Sé diferente no le costó nada, requirió 15 minutos de entrenamiento y le consiguió dos clientes y un prospecto en sólo tres semanas.

Es importante que entiendas los 100 objetivos y cuánto invertirías en conseguirlos. Sólo recuerda, ese número es tu gasto máximo. La cantidad real puede ser cero.

Tu turno

Si no has completado los primeros dos pasos del formulario del Experimento Sé diferente, hazlo ahora. Necesitarás esa información para hacer tu primera diferencia. De nuevo, puedes descargarlo de manera gratuita en gogetdifferent.com. O, si lo prefieres, usa una hoja de papel o lleva registro de tus experimentos en un diario.

Antes de avanzar al siguiente capítulo, es importante saber qué prospectos quieres atraer, qué quieres vender, el resultado esperado y cuánto estás dispuesto a invertir. Tener esto claro te ayudará a fijar el objetivo de tu marketing, haciéndolo más efectivo, así que no te brinques este paso, por favor.

Paso 1: Objetivo
Quién: ¿Quién es tu objetivo?
Qué: ¿Qué les ofreces?
Recompensa: ¿Cuál es el resultado final que esperas?

Paso 2: Inversión
vvc del cliente: ¿Cuál es el valor de vida del cliente?
Tasa de cierre probable: Si haces tu mayor esfuerzo, ¿cuál es la probabilidad de que consigas a este cliente?
Inversión por prospecto: Conociendo tus probabilidades, ¿cuánto estás dispuesto a invertir por cada intento de marketing para conseguir a uno de estos clientes?

PASO 2: INVERSIÓN

VVC DEL CLIENTE: _____
El típico valor de vida (ingresos) de un cliente.

TASA DE CIERRE PROBABLE: ____ DE CADA ____
La tasa de cierre probable de prospectos, por ejemplo 1 de cada 5.

INVERSIÓN POR PROSPECTO: _____
La cantidad de dinero que estás dispuesto a arriesgar para conseguir un prospecto.

NOTAS:

PASO 2: INVERSIÓN. Segunda etapa de un Experimento Sé diferente, donde se determinan el valor de vida de un cliente y la inversión de marketing por prospecto.

Mi turno

He aquí cómo llené esta sección:

vvc del cliente: $28 dólares
Tasa de cierre probable: 1:5

<u>Inversión por prospecto</u>: $1 dólar

<u>Notas</u>: El vvc es sólo para un lector. Mis regalías (ingresos) son de $3.5 dólares por libro. Un lector de toda la vida leerá ocho de mis libros. Eso son $28 dólares. Crearé otros planes de marketing de Sé diferente para ofrecer otros servicios a lectores comprometidos.

Como autor, vendo un producto físico: un libro. Algunos formatos dan más regalías y otros menos, pero el promedio es $3.5 dólares por libro.

Si publicito bien para prospectos al ser diferente y atractivo, estimo que uno de cada cinco comprará el libro. Recuerda que las tasas de cierre probable son las posibilidades de que tu prospecto se dirija a tu recompensa; la mía es que compren un libro.

Necesito dividir mi marketing en pocos pasos, asegurando una dirección razonable. Por lo que, en su primera experiencia conmigo, tal vez les dé la indicación de que me pasen su información de contacto. En una comunicación de marketing subsecuente tal vez les pida que compren el libro. A menos que sea mi mamá. Entonces yo compro el libro para ella y le digo que es un regalo de mi papá.

Es una cosa de ego.

Capítulo cuatro
Diferenciarse por atención

Una semana después de que Jesse Cole le propuso matrimonio a su novia de mucho tiempo, Emily, manejaron a Savannah para ver un partido de beisbol de ligas menores en el histórico estadio de la ciudad, Grayson Stadium. En esa época, Jesse tenía un equipo universitario llamado Gastonia Grizzlies. A través de préstamos e inversionistas reunió el dinero para comprar el equipo. Quería convertir a los Grizzlies en un éxito y comenzar una nueva vida junto a Emily.

"Era una tarde maravillosa de sábado. Veintisiete grados. Cielo despejado, el día perfecto para ver un partido de beisbol", me dijo cuando hablé con él sobre este libro. "Pero cuando pasamos entre las majestuosas columnas de tabique hacia las gradas vimos, tal vez, a 200 personas."

Lo peor, Jesse explicó que la multitud tenía "energía de dentista", o sea, como si ni siquiera estuvieran en un juego sino esperando un tratamiento.

"Nunca había visto un estadio tan vacío", dijo Jesse. "Así que después del juego llamé al comisionado de la liga y le dije: 'Oye, si este equipo profesional se va, pediremos este mercado ahora mismo'. Sabía que podíamos transformar el beisbol en Savannah."

Entra la providencia.

Dos meses después, los Mets de Nueva York, dueños del equipo de ligas menores, demandaron a la ciudad un estadio nuevo de 38 millones de dólares o, de lo contrario, se irían. Cuando los Mets no consiguieron su estadio, Jesse y Emily obtuvieron las llaves del viejo estadio y la oportunidad de revivir a otro equipo.

Los primeros meses en Savannah fueron difíciles. A pesar de los esfuerzos del equipo, los lugareños eran escépticos. Parecía que a mucha gente ni siquiera le gustaba el beisbol. Tres meses y sólo se había vendido un pase de temporada. Jesse y Emily estaban en quiebra y tuvieron que vender casi todo lo que tenían, incluida su cama, para mantenerse a flote.

Pero no se rindieron. Publicaron anuncios en el periódico local y promovieron algunos de los planes extravagantes y familiares que tenían para la siguiente temporada: boletos todo incluido, bailarines jugadores de beisbol y entrenador de primera base que hacía *breakdance*. Verás, Jesse tenía una visión. Quería que el beisbol de nivel universitario se pareciera más a los Harlem Globetrotters que a las grandes ligas. Veía el beisbol como el acto en el centro del circo, con entretenimiento cercano todo el tiempo. Podrías pensar que sus planes recibirían algo de atención, pero en vez de eso, grillos. Nadie respondió. Nadie lo hizo porque nadie se dio cuenta.

"Necesitábamos atención", explicó Jesse. "Y para obtener atención, necesitábamos hacer algo muy diferente."

Entra la providencia otra vez. Hicieron un concurso para nombrar al equipo. Tenían muchas opciones respetables de dónde escoger el nombre, ideas que *sonaban* como Savannah, que sonaban como un equipo de beisbol debe sonar: los Marineros, los Capitanes, los Espectros. Y entonces, apareció una opción que no sonaba como todas las demás: las Bananas.

Savannah no es famosa por las bananas. No hay nada parecido a un plátano en esa ciudad. El nombre rima y eso es todo. Pero había una cosa extra. Algo grande: era diferente. Inesperado. Así que apostaron por ese nombre.

El día que Jesse y su equipo anunciaron el nombre pasaron de desconocidos a ser la comidilla del pueblo. De pronto, la prensa local quería hablar con ellos. Luego la prensa nacional. Comenzaron a vender pases de temporada. Luego más pases. Antes de jugar ni siquiera un solo juego, gente de todo el mundo comenzó a comprar sus productos.

El día de apertura de la primera temporada de los Savannah Bananas, los boletos estaban agotados. De hecho, vendieron todos los juegos de las temporadas de 2017 a 2019.

Conozco a Jesse desde hace años y compartí dos de sus historias en mis libros: la de pasar de una deuda millonaria a rentabilidad en *La ganancia es primero* y el mayor descubrimiento que lo ayudó a optimizar su negocio en *El sistema Clockwork*. Cuando reflexioné con quién quería hablar sobre marketing diferente, él estaba en el primer lugar de mi lista. Jesse es un maestro de lo diferente. Su libro, *Find your yellow tux*, es una lectura obligada para cualquier empresario que quiera destacar entre la multitud. Si lo leíste, entenderás de inmediato por qué él y yo somos almas gemelas de marketing.

En el verano de 2020, cuando todos los equipos deportivos pararon o limitaron las actividades debido al covid-19, su equipo fue el único que averiguó cómo mantener a las personas con boletos. De hecho, a pesar de la pandemia, los Savannah Bananas tuvieron un año redituable. Compara eso con la Liga Mayor de beisbol estadounidense, que perdió cuatro mil millones de dólares durante el mismo periodo tratando de *mantener el negocio como siempre* cuando la gente no podía ir a los juegos. Jesse atribuye todo su éxito a tener un plan de atención, no un plan de marketing.

"La realidad es que todos tienen un plan de marketing. Pero ¿cuántas personas tienen un plan para saber cómo llamar la atención de la gente todo el tiempo?", me dijo Jesse. "Ganas siendo diferente porque siempre llamas la atención."

Hasta que hagan negocios contigo, lo único que las personas conocerán de ti es tu marketing, así que hazlo de forma acorde. Un buen plan de marketing en realidad es una amplificación de buen marketing. Si no has probado si tu plan conseguirá la atención de los prospectos, terminarás amplificando algo que no funciona. Ya sabes que tienes que dominar los milisegundos. Primero propón una estrategia que supere la prueba del parpadeo y llame la atención, después crea un plan de marketing y dalo a conocer.

En este capítulo, te compartiré algunas estrategias que yo uso, también una que usa Jesse, para pensar en ideas de marketing que sean lo suficientemente diferentes para llamar la atención que necesitas para hacer crecer tu negocio. Aunque antes de que entremos en eso quiero que descartes las *ideas geniales*. ¿Algún día te toparás con algo que podría ser considerado una idea genial? Seguro. La cosa es que no necesitas ser brillante, innovador o súper inteligente para encontrar tu diferenciador. Y no tienes que ser como yo. Soy un bicho raro. Pienso en cosas raras todo el tiempo y sobrepaso mis miedos para probar mis ideas. Tú no tienes que hacer eso. Una pequeña modificación a lo que ya estás haciendo de marketing puede ser todo lo que necesites. Así que no te dejes llevar por la decepción o la frustración de pensar que no se te ocurrirá algo revolucionario. Lo simple, básico y fácil funciona, siempre y cuando sea diferente.

Prueba un medio diferente

Una de las formas más fáciles para diferenciar tu marketing es usar un medio diferente del que ya usas y de las normas establecidas en tu industria. ¿Quién dice que *debes* usar anuncios en Facebook? ¿O correo directo? ¿O videos? Nadie. Bueno, sí, la mayoría en tu industria lo dice. Pero nadie que lo entienda lo dice. Quiero decir, los *expertos* en marketing, los gurús del anuncio, la gente en la reunión de la cámara de comercio que *lleva mucho tiempo en esto*, ellos no son tus jefes.

Claro, tendrás que considerar si tus 100 objetivos en verdad verán tu marketing cuando cambies de medios. No todos los cambios de medio funcionarán. Por ejemplo, si envías cupones por correo postal a ejecutivos de gran nivel, seguramente no llegarán a ellos, aunque tal vez sus asistentes tomen nota. Pero es probable que los tiren a la basura antes de siquiera llegar al escritorio del asistente.

Da este pasito de bebé y pregúntate: "¿Y si cambio de manera simple el medio que uso para mi marketing?". A veces, ese pequeño cambio puede hacer toda la diferencia.

Para ejercitarte, he aquí una lista de muestra de algunos medios de marketing: videos, letreros, volantes, correo directo, marketing con *influencers*, impresiones, empaques, publicidad exterior, publicidad interior, teléfono, sitio de internet, pago por clic, marketing de motores de búsqueda, redes sociales, afiliación, correo electrónico, correo postal, televisión, pláticas, redes de recomendación, de boca en boca, ferias, conferencias, congresos, marketing en puntos de acceso,* relaciones públicas, listados, promociones… la lista sigue y sigue.

Sólo prueba un medio de marketing que nadie más use en tu industria. Si todos envían correos electrónicos con texto, envíalos con video. Si no usan correo directo, tú deberías. Si sí lo hacen, hazlo de manera diferente. Lo diferente sucede cuando haces lo atípico.

Una de mis historias de correo directo favoritas viene de Kasey Anton. Ahora dueña de Spark Business Consulting y maestra certificada en mi programa La Ganancia es Primero. Hace tiempo, Kasey fue propietaria de un elegante restaurante en Boston.

"Estábamos ubicados en un callejón en Back Bay", me dijo en un correo electrónico después de que le pedí detalles. "Tenías que estar algo 'informado' para cenar con nosotros, pero incluso con todo el alboroto y exclusividad, no podíamos poner suficientes traseros en las sillas durante la semana."

---

* Al parecer hay una interminable fuente de medios de marketing. Me encontré con el concepto de *marketing de puntos de acceso* mientras estaba en un vuelo. Alguien nombró su *bluetooth* y punto de acceso Wifi en el teléfono "The CIA". Lindo. Cada vez que quería usar el Wifi veía "The CIA" y también todos los demás en el avión. Así que cambié el punto de acceso de mi teléfono para que dijera: "Compra *La ganancia es primero* en Amazon". Siempre que estoy en un evento de lectores (o en un avión) lo activo. Está protegido con contraseña porque sólo quiero que lo vean y se pregunten "¿Qué es *La ganancia es primero*?". Mi esperanza es que piensen: "Voy a revisar en Amazon para averiguarlo". Nadie que conozca hace eso, por ahora. Así que es diferente.

A Kasey se le ocurrió una idea, una idea que sus socios odiaron. Quería enviar una vela de cumpleaños por correo postal a los clientes que dejaron un comentario con su nombre, dirección y fecha de nacimiento. Planeó incluir un cupón que dijera "Cena con nosotros" y ofrecer el platillo gratis de su elección.

"Para ser honesta, mis socios pensaron que era 'vulgar' ", explicó Kasey. "Yo lo pensé como una forma de ayudar a alguien a celebrar su cumpleaños. De hecho, lo que más me gusta de la hospitalidad son las celebraciones."

A sus socios sólo les preocupaba la estética y no tenían ningún plan de marketing. "Un socio iba a restaurantes y clubs elegantes 'para que lo vieran' y sin ninguna preocupación 'invitar' gente a nuestro restaurante. Mi otro socio, el chef, sólo se quedaba en la cocina, creyendo que 'si preparas buena comida, vendrán'. Yo estaba cansada de esperar y las cuentas se tenían que pagar. Así que hice lo que creí necesario: invertir en mi idea de marketing y ver qué pasaba."

De los comentarios que reunió su equipo, Kasey separó cumpleaños y aniversarios por mes y los introdujo en una hoja de cálculo para imprimir etiquetas con facilidad. Después creó la oferta en Word. "Sin una impresión elegante, nada de compra uno y recibe otro gratis, sin mínimo de compra, porque pensé que todos estaban cansados de esa basura", explicó. (Sí. Estamos cansados de eso, Kasey. Cansados de la misma vieja basura.) "Yo sólo quería decir: 'Oye, es tu cumpleaños. ¡Felicidades! Déjame invitarte la cena'. Punto. La única advertencia era que la oferta no estaba disponible viernes o sábados por la noche, cuando, por lo general, estábamos bastante ocupados."

Kasey asumió que la mayoría de las personas no cenaría a solas en su cumpleaños, por lo que el restaurante ganaría algo de dinero de los invitados que vinieran con ellas. Y sí que lo hicieron. Las velas de cumpleaños crearon interés (diferenciación) porque no era la típica campaña por correo directo y ¿quién no se enciende (ejem) al ver una vela de cumpleaños real?

"Mientras mis socios comerciales se burlaron un poco de la campaña, ningún cliente se quejó. Les encantó y los invitados deseaban escribir sus comentarios para estar en nuestra lista."

Kasey monitoreó el ROI (retorno sobre la inversión) de su idea de las velas. Sin considerar el platillo gratis, los costos fueron mínimos: alrededor de 200 sellos y 200 hojas de papel, algo de tinta de impresión y algunas cajas de velas de cumpleaños. Así que, con 200 dólares, lanzaron una promoción que recaudó más de 18 mil dólares en un mes.

Kasey mantuvo la promoción hasta que vendió su negocio en 2008. "Hasta el día de hoy, creo que eso fue lo único que nos mantuvo a flote tanto tiempo."

¿Ves el poder de cambiar el medio? ¿Y el poder de una idea simple?

La mina de ideas

Si pudieras ser una mosca en la pared y escuchar cuando la gente habla sobre lo que ofreces, ¿cuánto valdría eso para ti? Es invaluable, te lo digo. Las lluvias de ideas en grupo son una de las mejores formas de elaborar una tonelada de ideas de marketing diferente y evitar el sesgo y los juicios instintivos que tenemos sobre nuestras ideas.

Tal vez ya probaste un ejercicio similar. La *mina de ideas* es un método para obtener ideas en grupo. Como yo lo creé es parte palomitas, parte "Mike" y parte reglas de mi grupo *mastermind* en negocios. Uso este ejercicio con mi equipo y con mis clientes.

He aquí cómo funciona:

1) Reúne un equipo de, al menos, cinco personas dispuestas a participar. Intenta conseguir gente de diferentes contextos, fuera de tu industria.
2) Asigna un mediador para controlar el tiempo y asegurar que todos sigan las reglas. Dales la siguiente información:

      a) Una breve descripción de tu avatar ideal (por ejemplo, tu cliente ideal).

      b) Una breve descripción de tu oferta y cómo ayuda a tu avatar.

      c) El problema que tu oferta soluciona mejor para tu avatar.

      d) La manera típica en que tu competencia publicita la misma oferta o una similar a sus prospectos en común.

3) Después, consigue un cuaderno y una pluma para anotar las ideas. Voltea tu silla de modo que sigas escuchando al grupo, pero ellos no te puedan ver la cara. Si estás en una reunión virtual, apaga tu cámara y micrófono.

4) Pon el temporizador a 30 minutos. Uno a la vez, por turnos, cada persona debe compartir su idea nueva y diferente de cómo hacer marketing para tu oferta. Escribe estas ideas mientras las escuchas sin hacer comentarios. Como sea, no vas a tener tiempo de juzgar, porque una vez que el grupo empieza, las ideas van a volar hacia ti muy rápido.

5) La regla dorada sobre la mina de ideas: nadie debe comentar sobre ellas. Sólo se continúa a la siguiente o se amplía la anterior, pero nunca deben detenerse. No se permiten los momentos de silencio, sólo ideas. La única idea mala es que no haya ideas. Se trata de cantidad no de calidad.

6) Si el grupo se estancan, el mediador debe intervenir y probar una de las siguientes técnicas:

      a) Eliminación de obstáculos: Quita todas las barreras. Pregunta al grupo cómo harían marketing si no hubiera límite de tiempo, dinero u otros recursos.

      b) Introducción de obstáculos: crea una barrera inesperada para que el cerebro del grupo trabaje de manera diferente. Por ejemplo, diles que el avatar ideal es ciego, que vive en una isla o tiene un superpoder secreto.

      c) Objetos de inspiración: Selecciona un objeto en la habitación y pide a los participantes elaborar ideas de marketing que incluyan ese objeto en la estrategia o que estén relacionadas con él.

d) Pensamientos extravagantes: Pide al grupo que sugieran estrategias de marketing divertidas, pero arriesgadas, el tipo de ideas que te podrían meter en problemas. ¡A veces las mejores ideas comienzan con una locura!

e) ¿Qué harían ellos?: Pide al grupo que considere cómo una persona famosa (viva o muerta) podría publicitar tu producto. ¿O si lo hiciera un niño? ¿Qué pasaría con una actividad que no tuviera relación, como un plomero vendiendo pantimedias? ¿O un maniquí de pantimedias vendiendo servicios de plomería? ¿Cómo lo harían?

El ejercicio de la mina de ideas es útil en especial para la gente que tiene dificultades para pensar en ideas singulares por su cuenta. Seguro no usarás todas (tal vez no uses ninguna como la describieron), pero descubrirás algunas gemas que perseguir. Al final de este capítulo, compartiré la historia de cómo una de mis clientas usó este ejercicio para elaborar una idea ganadora que la ayudó a conseguir su objetivo de prospectos en menos de dos semanas. ¡De verdad funciona!

Identifica lo ordinario y lo oscuro

Una manera súper útil de hacer una lluvia de ideas en conjunto es observar lo ordinario, que desencadena lo extraordinario. Esto es fundamental. Para ver el color, necesitas el negro y el blanco. Para escuchar notas musicales, necesitas silencio. Para hacer marketing diferente, necesitas saber cómo hacer marketing ordinario.

El paso uno es fácil: documenta el método típico de marketing de tu industria. Describe tu producto. ¿Cuáles son las características y beneficios aparentes, esos que tus competidores presumen? Si tu competencia no vende con *exactitud* lo que tú vendes, quizá venda algo similar, de otra manera no la considerarías tu competencia, ¿verdad? Si ayuda, conjura la imagen de tu némesis. ¿Qué aspectos de su producto resaltarían en su marketing? Por ejemplo, ¿resalta la durabilidad de su producto o su rápido servicio? Cuando comparan características, ¿cómo muestran que su producto es mejor que el de los demás?

Cuando enlistes los beneficios de tu producto, piensa en la experiencia y en los resultados. ¿Cómo muestra tu competencia que su producto ayuda al cliente? El beneficio es el "por eso puedes...". La característica es la función única y el beneficio es lo que obtienes de esa característica. Por ejemplo, si la característica es *una luz más brillante* el beneficio es *por eso puedes ver más lejos*.

Ahora, considera el uso común de lo que ofreces. ¿Cómo tu prospecto usa tu producto o servicio? Por ejemplo, si vendes cinta reflejante, ¿se usa en la construcción para marcar áreas peligrosas? O tal vez la usan corredores en sus tenis y ropa para que los autos los vean mejor en la noche.

Con tus listas en mano, identifica cómo publicitan los *trajes grises*. Ahora ponte tu *traje rojo* y haz una lluvia de ideas para una estrategia diferente. Las restricciones desencadenan el pensamiento creativo. Considera lo siguiente:

- ¿Y si tuvieras que ofrecer tu producto a una persona específica que conoces? ¿Qué llamaría su atención si estuvieras en una multitud de cientos?
- ¿Y si tuvieras que reducir tu marketing para incluir sólo una característica y un beneficio? ¿Cómo podrías amplificarlas tanto como para que las otras fueran irrelevantes?
- ¿Qué es atípico sobre tu producto? ¿De qué no habla nadie más?
- ¿Y si no pudieras usar ninguna de las estrategias de marketing estándar de tu industria? ¿Qué intentarías?
- ¿Por qué la gente *no* debería usar tu producto? ¿Cuáles son las cosas que a la *mayoría* de las personas no le gustaría? ¿Cómo esas mismas cosas podrían ser las que otros pocos prospectos adoren?

- ¿Qué no hace tu producto? ¿Qué características no tiene? ¿De qué manera esas ausencias mejoran tu producto o servicio?

Profundicemos en ese último punto. Piensa en las características y beneficios ausentes en tu producto. El objetivo de esta lista es cantidad, no calidad. Sólo avienta un bonche de espaguetis a la pared, por así decirlo, después veremos cuáles se quedaron pegados.

Cuando llamé a Jesse para saber cómo a pesar de que todo el mundo había cancelado eventos en vivo los Savannah Bananas lograron tener un año rentable durante el verano de 2020 (covid-19), lo reté a un juego de ordinario y oscuro. Mirando alrededor de mi escritorio escogí lo primero que noté: una simple calculadora.

"Veamos si podemos hacer marketing de esto", dije.

Como Jesse es mi alma gemela de marketing, sabía que estaría dispuesto.

Primero enlistamos todas las características y beneficios que la mayoría de las compañías mencionaría al hacer marketing de la calculadora: batería de larga vida, ligera, exacta, botones fáciles de oprimir, etc. El uso común es fácil: calcular cosas. No tan complicado.

Con las listas ordinarias completas, nos enfocamos en lo oscuro. ¿Cuáles eran las características y beneficios ausentes de esta vieja calculadora?

Éste es buen momento para mencionar que mi socia de redacción, AJ Harper, se había unido a nosotros en la llamada. Menciono esto porque AJ odia el marketing. Digo, oooooodia el marketing. Aunque ella no estaría de acuerdo, creo que la razón detrás de su fuerte sentimiento es el miedo a no ser buena para eso. También tiene ese miedo arraigado a sobresalir. Al principio de la llamada, mencionó algunas veces que a Jesse y a mí se nos daba con naturalidad elaborar ideas creativas e innovadoras. (Almas gemelas de marketing. ¿Ya dije eso lo suficiente? Sólo quiero asegurarme de que lo entendiste.) Aunque en parte eso es verdad, lo que es más verdadero es que practicamos. Ejercitamos nuestro músculo de marketing trabajando con él. De manera constante. El truco es fácil y tú también puedes practicar todo el tiempo, incluyendo ahora. ¿Listo?

Observa lo primero que veas y piensa en ideas de marketing diferente. Puede ser cualquier cosa. Una máquina de escribir Royal de 1937, una botella de Caymus cabernet sauvignon o un cepillo alisador de barba Xikezan. Sí, ésas son las primeras tres cosas que vi en mi oficina mientras escribía esto. Ya sé, suena como el comienzo de una película de terror. ¿El arma asesina? El cepillo alisador de barba, por supuesto. ¿La víctima? Santa Claus.

Mi punto es que puedes practicar tu músculo de marketing con cualquier cosa. Pero no puede ser con algo que tú creaste. Podemos ser muy críticos con las cosas de otras personas y callarnos con las nuestras. Así que practica generando ideas de marketing diferente para las cosas de los demás. ¿Entendido?

Regresemos a Jesse, AJ y yo.

Entonces ahí estábamos, tratando de conseguir una nueva y brillante forma de hacer marketing que nadie haya notado antes de una calculadora de cuatro dólares. AJ nos escuchaba repitiendo cosas y riendo de manera ocasional (o volteaba los ojos) por nuestras ideas locas.

Entonces dijo de pronto: "Bueno, una calculadora no tiene GPS. Usamos las calculadoras en nuestros teléfonos, pero nuestros teléfonos tienen GPS". ¡Buen punto, AJ! Por lo general hay tanto poder en las características que tienes como en las que no.

Tomamos esa sugerencia y consideramos los mayores beneficios de esa *no característica*. Simple: puedes sumar cosas sin ser rastreado por el go-bier-no. Y cuando combinas esa oscura *no característica* con la característica ordinaria de una batería de larga vida, bueno, ya encontraste un nuevo cliente objetivo: supervivientes. Si vendes calculadoras y ese avatar no encaja bien contigo, entonces considera cómo la misma característica *faltante* beneficiaría a tu avatar ideal.

¿Ves lo que la lluvia de ideas en conjunto puede hacer? Incluso una persona que odia el marketing y es muy escéptica sobre encontrar una forma única de publicitar algo puede tener una idea que vale la pena seguir.

Descubre tu más

Ya sabes lo que sucede cuando te concentras en ser mejor que tu competencia —nada, eso pasa, nada—. Lo diré de nuevo, porque vale la pena repetirlo: *lo mejor no es mejor. Lo diferente es mejor.* Quizá tu compañía funciona diferente a las de tus competidores, incluso mejor, pero esa única distinción no es suficiente para hacerse notar. Primero, necesitas atención. Una vez que la tengas, todas las razones por las que tú eres mejor que todos los demás en tu industria tendrán un impacto.

La cosa diferente (ahí está esa palabra de nuevo) sobre el sistema de marketing de *Sé diferente* es que comienza con la atención. Encontrarás increíbles libros, sistemas y estrategias, incluidos unos que yo recomiendo mucho, por ejemplo: *Cómo construir una StoryBrand*, de Don Miller; *El plan de marketing de 1-página*, de Allan Dib; *La vaca púrpura*, de Seth Godin; *Duct Tape Marketing*, de John Jantsch y tu negocio se beneficiará mucho si los usas. Pero este libro es diferente (cha, cha, chá). Este libro es sobre dominar los milisegundos iniciales donde ganas los ojos del prospecto o no lo haces. Un mensaje atractivo no hace nada si no tiene ojos sobre él.

Ahora, tal vez una vocecita interior te dice: "Sí, pero, Mikey-Mike, nuestras cosas son lo mejor de lo mejor, de verdad". Mira, no voy a rebatir a la pequeña voz. ¡Puedes ser el mejor! Pero ser el mejor no te consigue la atención que necesitas para generar clientes potenciales a voluntad. Ser el mejor respalda las recomendaciones de boca en boca, pero hacer marketing diferente te da el control del flujo de prospectos.

Además de un producto o servicio *mejor*, hay otro *más* que te ayudará a llamar la atención. Es el mensaje o posicionamiento que nadie más en la industria puede reclamar. La *técnica superlativa de marketing.*

El mercado de las salsas picantes es competitivo por decir lo menos. Mientras consideraba algunas para una cena que teníamos, encontré más de 100 marcas, sin contar sus innumerables sabores. En total, una búsqueda rápida arrojó más de 500 salsas. Estaba Torchbearer, Angry Goat, Bravado, Puckerbutt, Tahiti Joe's, Iguana, Original Juan, Ring of Fire, Ghost Scream, Crazy Jerry's, Bone Suckin' Sauce, Lottie's, Blind Betty's, Ole Smoky, Stubb's, Texas Pete y Tabasco. A menos que seas un verdadero conocedor de salsas, es probable que reconozcas algunas de estas marcas como la Tabasco, la titular en el mercado de salsas picantes. Son las predeterminadas cuando te sientes abrumado. Para vencerlas debes hacer marketing diferente. Todas estas marcas son diferentes, muchas son mejores que Tabasco y pocas podrían ser categorizadas como geniales. Pero nada de eso importa a menos que tengas una mejor estrategia de marketing. Y eso es justo lo que hizo Frank's RedHot.

Fundada en 1918 por Jacob Frank, RedHot hizo una agradable salsa picante. Seguro no creciste comiéndola, pero tal vez escuchaste su genial campaña de marketing. Es tan exitosa que hasta el momento de redactar este libro Frank's sigue publicando anuncios de radio y televisión con regularidad. El comercial presenta a Ethel, una anciana *llámala como gustes* entusiasta. Cuando le preguntan a Ethel sobre Frank's RedHot, dice: "Le ponía esa mi*rda a todo". Sólo imagina a tu abuelita diciendo eso.

Una abuela hablando sobre salsa picante y diciendo que le ponía esa mi*rda a todo es diferente. Una voz vieja y linda, hablando como un camionero. Eso es diferente. Eso es lo *más* loco en el espacio de las salsas picantes. Frank's RedHot consiguió lo *más* y en vez de irme por la apuesta segura de Tabasco, compré Frank's RedHot. Se publicita de manera diferente, así que lo noté. Compré lo *más*. Siendo honesto, no le pongo esa mi*rda a todo, pero sabiendo que Ethel dice que puedo, la compré.

Más es el superlativo de algo. Tu marketing puede ser lo más loco, lo más raro o lo más divertido. También lo más sincero o lo más profundo. Sólo necesita ser lo *más* en tu categoría. Los extremos son notorios y memorables.

Seguro recuerdas el momento en tu vida en el que tuviste más frío —para mí fue cuando hice el mítico Polar Bear Plunge en Coney Island— o estuviste más enfermo. Puedes recordar el logro más grande que has tenido. Las vacaciones más memorables. Todos esos son *más* únicos. Pero es difícil recordar los cientos de veces que tuviste "mucho frío" en los últimos 20 años. O las incontables veces que estuviste muy enfermo con estornudos. Lo *más* llama la atención. Lo *más* se recuerda. El *casi*, *poco* y *mucho* son ruido blanco y se olvidan. Si quieres que tus prospectos te noten y recuerden, (y por lo más sagrado sí quieres), entonces usa lo *más* para lograrlo.

¿Qué es lo *más* en tu marketing? Yo no puedo decírtelo. Seguro no es copiarle a tu competencia. Te corresponde a ti y sólo a ti decidirlo. La buena noticia: es muy fácil encontrarlo. He aquí cómo comenzar:

Una búsqueda simple en internet de las palabras *el más* arroja miles de resultados. Abajo están algunas de mis favoritas, te pongo una con cada letra del abecedario. Pero ésta es la cosa: conforme avances en la lista, pregúntate cuál es una amplificación de lo que ya eres. Y si estás en el departamento de marketing, ¿qué *más* representa una amplificación del valor de tu compañía? Frank's RedHot es una amplificación al ser el más cínico. La amplificación de los Savannah Bananas es ser el equipo de beisbol *más* divertido en el mundo. Tu mejor *más* es el máximo de ti.

El más absurdo.
El más bobo.
El más chiflado.
El más descarado.
El más espacioso.
El más fuerte.
El más guapo.
El más helado.

El más *hokie* (Tenía que hacerlo. ¡Vamos, Hokies! Los que no son fanáticos del futbol americano pueden decir "el más honesto". Los fanáticos de UVA pueden decir "el más horrible". Ouch.)

El más indispuesto.

El más joven.

El más kilométrico.

El más leñoso.

El más mortal.

El más nervioso.

El más ñoño.

El más oportuno.

El más pegajoso.

El más quemado.

El más rico.

El más salado.

El más travieso.

El más universal.

El más vasto.

El más xérico (tampoco sé qué significa, pero mi hijo ambientalista, Tyler, lo dijo durante una caminata, así que tiene que ser real).

El más yanki.

El más zángano.

¿Cuál de éstas u otras palabras con *más* reclamas como tu ángulo único de marketing? Sin cambiar nada de lo que haces, ¿cómo puedes describir los méritos de manera diferente usando el *más*? Crea tu lista de más del ejercicio tu *factor diferenciador* que hiciste al final del capítulo 2. Tu mejor más —dilo 10 veces rápido, ¡ahora en inglés! "Best est"— reside ahí. Comparte la lista con tu equipo. ¿Qué palabras con *más* describen tu compañía de manera diferente? ¿Qué palabras con *más* amplifican lo que ya es tu compañía? Una vez que averigües eso, ¿qué medio (por ejemplo, campaña por correo electrónico, correo postal, llamadas, ferias, tatuajes) podría mostrar esa cualidad? ¿Cómo puedes refinar tu mensaje para asegurarte de que tu prospecto ideal note tu *más*?

Mézclalo

Como realizadores diferentes, por lo general, queremos... *¡espera!*
Espera un segundo.
Antes de continuar, quiero que te des cuenta de que acabamos de tener un momento especial. Tú y yo. ¡Un momento! ¿Viste que ya eres, de manera oficial, un Realizador Diferente? Eso es algo importante y aquí está la prueba: ¿qué significa DAD? ¡Correcto! Diferénciate (*diferente* también es aceptable), atrae y dirige. Perfecto. Una prueba más: de ahora en adelante, ¿qué pregunta harás para cada ejemplo de marketing? ¡Correcto! "¿Pasa el DAD?" Nunca más verás el marketing del mismo modo, gracias a tu DAD. ¡Ja! Además, entiendes todos los chistes locales, mi nueva alma gemela de marketing. Sí, ahora somos como almas gemelas.
Basta de crear vínculos, volvamos a trabajar.
Como Realizador Diferente, por lo general, quieres estudiar cómo publicita la industria para evitar el mismo ruido que podría ser ignorado. Con la técnica *mézclalo*, quieres estudiar personas fuera de tu industria para hacer marketing como ellas lo hacen, al menos en parte. Lo que ya sucede en otra comunidad tiene el potencial de ser nuevo y diferente en la tuya. Así que cuando estudies el marketing, siempre y me refiero de la S a la I a la E a la M-P-R-E, siempre estudia cómo anuncia la gente fuera de tu mercado. Hay oro en esas colinas. Una de las mejores formas de asegurarte de que no caes en lo mismo que tu competencia es caer en el marketing de una industria por completo diferente. Es la mejor forma de C & D. Ya sabes, *copiar* y *duplicar*.
Tengo la edad suficiente para recordar cuando los bancos comenzaron a agregar una ventanilla de *drive-through*. ¿De dónde crees que sacaron esa idea? De los restaurantes de comida rápida. Eso es un cambio en el servicio, pero puedes aplicar la misma técnica mézclalo para tu marketing. Por ejemplo, McDonald's usaba juguetes como una fuerte herramienta de marketing. Los niños rogaban a mamá o a papá que los llevaran a McDonald's sólo por los juguetes

de plástico baratos. Vernon Hill, el fundador de Commerce Bank, usaba una técnica de marketing similar. Cuando se dio cuenta de con qué frecuencia perros, no niños, iban de copilotos, Hill hizo que su equipo regalara premios para perros a los clientes que pasaban por el *drive-through*. Ahora no era el niño molestando por ir a McDonald's, eran perros entrenados por Pávlov ladrando y babeando cuando pasaban cerca de Commerce Bank. Hill vendió su banco en una transacción valuada en 8 500 millones de dólares a TD Bank en 2008.

Mezclemos algo de marketing para tu negocio y consigamos los siguientes 8 500 millones de dólares para tu bolsillo. Digamos que eres dueño de una fábrica de aspiradoras. La mayoría del marketing de aspiradoras es por televisión, el infomercial de media hora en el que dos actores aspiran todo tipo de cosas raras que es probable que nunca acabaran en tu departamento, a menos que vivas en el cuarto trasero de un estudio de infomerciales. Digo, ¿quién tira arroz seco en el piso, luego le tira encima vino, lo espolvorea con tierra y le pone una cereza encima? El chico del ShamWow, ¡él lo hace! A estas alturas ya has aprendido que no vas a tratar de hacer un mejor infomercial que muestre cómo tu aspiradora puede chupar hasta las cosas más raras. Nop. Vas a ser diferente. Así que busca inspiración en cómo otras compañías de distintas industrias publicitan sus productos.

Tomemos las farmacéuticas. Todos hemos escuchado la larga lista de efectos secundarios mortales al final del comercial, narrada de manera alegre sobre la imagen de una persona corriendo por un campo de margaritas. Sabes de qué estoy hablando: una mujer joven gira en un prado y lanza a su hijo al aire mientras el locutor dice: "Puede ocasionar ataques cardiacos masivos repentinos. Puede hacer que tus entrañas se conviertan en estofado hirviendo. Pero, oye, ya no tendrás ojos resecos". Tomando una página de su libro, podrías crear una parodia de esos comerciales e inventar divertidísimos *efectos secundarios* de usar tu aspiradora. Puede ocasionar que tu suegra te abrace. Puede inspirar a tus hijos a ayudar con las tareas del hogar. Se sabe que ha encontrado los aretes que dejó la amante de tu marido. ¿Ves? Divertido. *Ese* comercial llamaría la atención.

Otra versión asombrosa de la técnica mézclalo es llamada la *selección de profesión*. Es la versión extendida de una de las sugerencias para *desestancarse* del ejercicio de la mina de ideas. Considera cómo los siguientes tipos de personas abordarían el marketing de tu producto:

Tu madre, abuela o suegra.

Líderes religiosos.

Asistentes de vuelo.

Tarzán (recuerda, él sabe pocas palabras pero igual es muy carismático... cuando no tiene camisa... eso dice mi esposa).

Artistas marciales mixtos.

Socorristas.

Pilotos.

Baristas.

Granjeros.

Presentadores de televisión.

Bailarines exóticos.

Bibliotecarios.

Payasos.

Y el siempre tan raro payaso bibliotecario bailarín exótico.

Estas técnicas desbloquean partes de tu cerebro que ni siquiera sabías que tenías. Pruébalo con un grupo y observa qué consiguen, pero bríncate al payaso bibliotecario bailarín exótico. Es muy raro. Y si no es muy raro para ti, creo que ya encontraste tu *más*. Tú eres el más raro.

Cambia la etiqueta

Si te digo que soy abogado puedo cerrar la boca en este mismo momento. Ya sabes qué hacen los abogados. Es una etiqueta común y transmite su mensaje de manera rápida y eficiente. El problema es que la etiqueta pinta una imagen instantánea en la mente de tu prospecto. Una imagen estándar y común. Un abogado es un abogado. Más ruido común, de modo que con sólo decir lo que haces, de manera inmediata te colocas en la zona de una mercancía marginada. Hasta que cambies la etiqueta, en la mente del prospecto eres más de lo mismo, imperceptible. Un camionero es un camionero. Un paisajista es un paisajista. Un entrenador personal es un entrenador personal. Y un contador es un contador. Hasta que no lo son.

Martin Bissett es fundador de Upward Spiral Partnership, una firma de consultoría que se especializa en ayudar a profesionales de la contabilidad a conseguir más clientes. Aunque es un contador, no usa esa etiqueta. En vez de eso, es un "socio de conocimiento". No compite contra otros contadores o con los populares *asesores de confianza* en su industria. Es un espectáculo de un solo hombre, el único socio de conocimiento (sc para abreviar) alrededor. Una etiqueta diferente es la forma más rápida y gratuita de diferenciarte del resto de la competencia. No tiene que ser radical o extremo, sólo lo suficiente para diferenciarte de la mayoría.

¿Qué etiqueta podrías usar que sea diferente de las etiquetas comunes en tu industria? Advertencia: los títulos arrogantes no funcionarán porque son muy comunes. *La reina de las redes sociales* o el *zar de la contabilidad* o *la mejor hamburguesa del mundo* se han usado millones de veces. No hagas algo común. Haz algo nuevo. Sé diferente.

Encuentra opuestos y vacíos

Opuestos y vacíos es una técnica simple que genera algunas de las mejores ideas de marketing diferente. Primero, haz una lista de los aspectos estándar de tu producto y tu industria. Puedes sacar puntos clave del ejercicio *ordinario y oscuro*. ¿Qué es estándar de tu industria respecto a cómo haces marketing, presentas tu producto y hablas sobre tu negocio?

Después considera cuáles son las reglas de tu industria. ¿Qué hacen todos (o no hacen) sin preguntar? ¿Qué no está permitido nunca? ¿Qué se espera? ¿Qué es un hecho?

Después, observa cada estándar en tu lista y piensa en lo opuesto de cada regla y en los resquicios. ¿Tomar la estrategia opuesta funcionaría para tu estilo de marketing de *Sé diferente*? ¿Apoyarte en los vacíos te haría notable?

Yo usé estas técnicas con grandes resultados. Me di cuenta de que era muy difícil que se listaran mis libros junto a los de mis contemporáneos en Amazon. Era rara la ocasión en que el algoritmo de Amazon mostraba mi libro como sugerencia cuando buscabas, digamos, *Outliers* de Malcolm Gladwell. Pero encontré un vacío.

Amazon tiene una sección llamada "Videos para este producto" en la página cerca de la biografía del autor. De los millones de ojos buscando el libro cada año, una porción baja la página para leer más. Y al subir mi reseña honesta sobre el libro de Malcolm Gladwell, estoy teniendo 60 segundos o algo así de la atención de sus lectores. Y no lo sabías, estoy en mi oficina exhibiendo con orgullo mi librero. El espectador ve una exhibición única de mis libros detrás de mí (diferénciate), mientras obtienen el contenido que buscan (atrae) y un desencadenante para que busquen estos otros libros por su curiosidad (dirige).

Y éste es el asunto: acabo de compartir una de mis estrategias diferenciadoras contigo y con todos los que lean este libro. El *riesgo* que corro es que tú y otros lectores, que también venden cosas en Amazon, repliquen el proceso. Esto diluirá mis videos. ¿Pero sabes qué? Está bien. Así es el juego. Todos esos videos se borrarán unos a otros y se convertirán en ruido blanco. Hasta que eso pase, continuaré haciendo mi estrategia de video *Sé diferente* en Amazon. Cuando eso pase, estaré usando estrategias descubiertas en otro Experimento Sé diferente.

Piensa como reportero

Una de las principales estrategias que usa Jesse Cole y su equipo para elaborar ideas es pensar como reportero. "Cuando examinamos ideas, una de las primeras preguntas que nos hacemos es: '¿Esto tiene interés periodístico? ¿Es una historia por sí misma?'. Si la respuesta es sí, la probamos."

El gran ejemplo es la historia que inició este capítulo: nombrar al equipo Savannah Bananas. Fue diferente y controversial, lo suficiente para llamar la atención de los principales medios de comunicación y de las redes sociales (más de eso en el capítulo 5). Fue atractiva para las personas adecuadas. ¿Y la indicación? Siente curiosidad, ve a la página de Savannah Bananas para ver lo que pasa y cuéntales a tus amigos sobre este nombre loco para un equipo de beisbol.

Jesse siguió con rapidez esa estrategia con otra idea que sería de interés periodístico: los Bananas anunciaron a la mascota del equipo, Split, en una escuela primaria local. Sabían que los medios de comunicación locales aparecerían para esta explosión de ánimo, cientos de niños volviéndose locos por un sujeto en un disfraz de plátano es buena televisión. Jesse tiene un don para este tipo de cosas y, a lo largo de los años, logró llamar la atención de medios de todo el mundo. Los Bananas han tenido la mayor cantidad de apariciones para un equipo de ligas menores o un equipo de estrellas en ESPN. Y ese tipo de atención ha generado ROI directo. Por ejemplo, cuando el periodo del presidente Barack Obama llegaba a su final, los Savannah Bananas le ofrecieron de manera pública una vacante. Dado que eso llamó la atención de los medios, ese día vendieron más productos que cualquier otro día ese mes (y era fuera de temporada).

Cuando elabores tu lista de ideas, piensa como reportero. ¿Qué llamaría la atención de los medios? Una historia buena y única. Una historia con visuales y resultados inesperados. Cualquier estrategia que llame la atención de los medios seguro ayudará a que tu prospecto ideal te note, incluso si los medios de comunicación no la publican.

Di: "Sí y…"

¿Alguna vez has visto el programa *Whose Line Is It Anyway*? Es un programa divertidísimo en el que actores entrenados en improvisación toman sugerencias del presentador o del público para inventar escenas, a veces canciones, en el momento. La improvisación es una forma de teatro en vivo, sin guion, en donde la mayor parte del show se crea de manera espontánea y colaborativa. Uno de mis momentos favoritos es cuando entregan un objeto (como una escoba o una pelota de playa) y los actores deben decir ideas con rapidez sobre qué otra cosa podría ser el objeto. Un cuadro de espuma se convierte en un teléfono, una basuca, un bigote. Sólo con preguntarse ¿qué otra cosa podría ser? llegan a diferentes interpretaciones de una cosa ordinaria.

Parece un juego sencillo, pero los actores podrían arruinarlo si cuestionaran sus ideas o las de los otros. Verás, en el corazón de la improvisación está la voluntad de tomar lo que se entrega y correr con él, aceptarlo y construir sobre él. Es una regla de la improvisación llamada "sí y...". Permite que el flujo de ideas continúe y por eso ver y hacer improvisación es tan divertido. Si en su lugar un actor dijera: "Sí, pero..." interrumpiría el flujo y mataría la escena. En el momento en que te cuestionas (o a otros) se acabó. Es como la torcedura de una manguera que ralentiza el flujo de agua en un goteo decepcionante.

Mi esposa Krista y yo tomamos una clase de improvisación en la New Jersey School of Dramatic Arts. Después de verla realizar una actuación perfecta de Drácula leyendo *Little Miss Muffet* a un grupo de niños de kínder, nuestro instructor, Bob Sapoff, me arrojó a un escenario.

"Eres una hormiga que saca a su perro a pasear en el bosque. ¡Vas!"

¿Una hormiga? ¿Una maldita hormiga? Estaba esperando ser algo más *cercano* a humano por lo menos. Un zombi tal vez. O un gigante. No un insecto de seis patas con un trasero gordo.

En vez de seguir la regla dorada de la improvisación "sí y...", yo hice "un poco, pero...". No quería arrastrarme en el piso y pretender que un perro me jalaba a través del bosque, así que hice a mi hormiga enorme. Reinicié la hormiga para que se ajustara a lo que ya había visualizado. Negué la idea. Fracasé en seguir la corriente.

En cuanto Bob se dio cuenta de que mi hormiga sería del tamaño de mi enemiga (¿viste lo que hice?), dijo: "No lo hagas. Noooo lo hagas".

Lo hice de todas formas. Ni siquiera el poderoso Sapoff podía salvarme de mí. El número no funcionó. El perro orinando en mi megahormiga fue la falla final. Inventé una hormiga orinada, literal. Patético.

En segundos, la improvisación había terminado y yo me senté en mi silla avergonzado porque había arruinado esa oportunidad (y porque mi esposa conserva el derecho de fanfarronear por el resto de su Drácula Muffetesca vida).

La regla de "sí y..." requiere que construyas sobre lo que tienes. Habría sido mucho mejor si hubiera seguido con la hormiga paseando a su perro y tal vez darle a esa hormiga un complejo de Napoleón. Y tal vez haber imaginado que su perro era un gran danés. Y luego hecha la escena, haber quedado colgado a una correa para salvar la vida mientras gritaba órdenes. Sí, sí, sí. Podría, debería, habría.

Cuando hagas lluvias de ideas de marketing diferente, recuerda estar abierto. No te cierres a una idea con tu versión de "un poco, pero..." o "eso no funcionará, porque..." o "eso ya lo intentamos". Tu instinto humano de encajar y conformarte con lo que se espera puede apoderarse de ti y antes de que te des cuenta, lo habrás modificado hasta el olvido. Dales vueltas a las posibilidades, sin juicios o modificaciones. Haz un letrero transparente. Usa el marketing de perfumes para promover tus servicios profesionales. Haz que los empleados de la gasolinería se vistan con atuendos anticuados y brinden un servicio acorde a ello. Sé la pequeña hormiga siendo arrastrada en el viento por un perro gigante y ve a dónde te lleva. Las vistas desde ese mirador son increíbles.

Haz espacio y tiempo para lo diferente

En el cuarto de atrás en nuestras oficinas en Boonton, Nueva Jersey, hay un letrero que dice EL LABORATORIO DE LOCURAS. Ésta es la zona cero para hacer que lo diferente suceda en mi negocio. Es la fuente de inspiración, de ideas y de retar el *statu quo*.

Para ponernos en ambiente, colocamos un maniquí con una bata de laboratorio, llamado de manera certera Abby Normal,* en la esquina del cuarto. Batas de laboratorio esperan a cualquiera que entre. Todos nos comportamos diferente cuando estamos disfrazados, así que ¿por qué no? Una pared está cubierta con pintura de pizarrón. Un tablero de corcho gigante cuelga de otra. La siguiente está llena de innumerables palabras aleatorias. La cuarta pared tiene repisas para coleccionar y almacenar ideas de otras compañías, marcas, de quien sea. En el centro hay una mesa, donde discutimos ideas alrededor de una lámpara de lava. La alfombra es una ilusión óptica retorcida, una bola disco cuelga del techo y el Sr. y la Sra. Cara de Papa se mueven de manera aleatoria alrededor del cuarto y se colocan en posiciones comprometedoras, como un duende de Santa (ya sabes, ese *R-rated Elf on the Shelf* que está tan de moda).

Sin importar cuánto espacio tengas, ya sea que trabajes en casa, en un cubículo, en tu auto, en una dulce oficina o en un almacén gigante, crea tu versión del Laboratorio de Locuras. Haz espacio para que aparezcan ideas creativas en el aire, para que crezcan y prosperen. Incluso un carrito con plumas de colores, blocs de notas y juguetes extraños te recordarán que debes hacer espacio y tiempo para cosas diferentes. Considera el carrito como tu kit de laboratorio de Experimentos Sé diferente.

Mantente fiel a quien eres

Tengo un sentido del humor tonto que no todos aprecian. Me gustan los juegos de palabras, el humor escatológico y cosas de comedia loca (#capitanobvio). Algunos de mis chistes fracasan (ouch). Es cierto que algunos de ellos apestan (#dobleouch). Lo entiendo,

---

*Saludos a Mel Brooks y al equipo que creó una de las películas más divertidas de todos los tiempos, *El joven Frankenstein*.

chistes diferentes para personas diferentes. No es tan importante si tu amigo piensa que algo es divertido y tú no. Pero como autor, mi sentido del humor único puede manchar la visión que el lector tiene de mí. La mayoría de mis lectores lo ama. A veces, mi humor aleja al lector tipo *la vida es muy corta para reír*, pero siguen adelante porque necesitan el contenido para ayudar a salvar o hacer crecer su negocio. Más veces de las que puedo contar me han llamado la atención por no ser lo *suficientemente serio* para escribir sobre ganancias, sistematización, crecimiento orgánico y demás. Con menos frecuencia, mi estilo enfurece a algunos lectores. Quiero decir, a ellos de veeeeerdad no les gusta. Son valores atípicos, pero aun así me llega.

Como todos en este planeta, batallo con el miedo al rechazo. ¿Qué tanto *de mí* es demasiado? Casi todos los libros de negocios que he leído son muy serios y, para ser honesto, a pesar de su buen contenido, pueden ser una ola de bostezos (para mí). Mi corazón grita para hacer que la experiencia de lectura sea divertida, pero también estoy lleno de miedo de salir al máximo, de seguir adelante con quien soy por la preocupación de alejar a mis lectores.

Este miedo a ser *demasiado Mike* me vino a la cabeza cuando asistí a una fiesta en la casa de un autor muy popular. Aunque su trabajo es popular, su comunidad principal es una población específica con creencias específicas. Fue una fiesta genial y yo quedé sorprendido por la amabilidad y hospitalidad del autor.

Un pequeño grupo de nosotros remató la noche con whisky añejo y puros finos. Incluso nuestro amigo de los puros Gabe Piña habría estado sorprendido. Después, cuando íbamos a tomar la foto de despedida, el autor dijo: "Esperen. Necesito esconder el whisky. A mi comunidad no le gusta".

"Wow", pensé. "Este sujeto vende un montón de libros. Tal vez debo pensar cómo me presento. Tal vez poner una fachada a mi persona ayude. Tal vez diferente significa ser diferente de quien eres".

Sí, ese pensamiento duró como dos segundos y después sacudí la cabeza. Estaba molesto.

Molesto conmigo por siquiera haberlo pensado. Este autor, que ha vendido y sigue vendiendo toneladas de libros, hacía marketing de una forma que no era fiel a quien él era en realidad. Si estar en las grandes ligas implica ser un farsante, grande, pequeño o un punto intermedio, bueno, eso no va a funcionar para mí. Mira, no estoy tratando de juzgar a este autor. Pero yo sí me voy a juzgar por pretender ser alguien que no soy. Soy quien soy. Tu oportunidad de hacer marketing diferente es sólo ser más tú, de manera auténtica.

Al parecer, puedes aparentar y tener éxito igualmente. Pero entonces tendrás que vivir una doble vida, escondiendo aspectos tuyos de las personas a las que atiendes. Esa desconexión siempre estará ahí.

Compartí la anécdota del whisky contigo porque quiero que veas que, a veces, a mí también me da miedo ser diferente. Claro que quiero que el mundo me vea de manera favorable. Nadie quiere enfrentar críticas por hacer algo que la gente no aprueba. Pero yo no puedo vivir criticándome por comportarme como alguien que no soy. El riesgo de la autenticidad vale la pena. Más que eso, es necesario. Ser poco sincero con tu comunidad es un riesgo mucho mayor. Es el riesgo de que se den cuenta y tengas que salir en la televisión y dar esa disculpa evangelista, sollozando mientras dices: "Soy un pecador, soy un pecador". O peor, es el riesgo de salirte con la tuya mientras pierdes poco a poco tu alma.

Mientras escribía este libro recibí un correo de Skylar Bennett, dueño de Tough Apparel, que había leído uno de mis libros. La segunda línea de su correo decía: "No estoy seguro de haber reído y llorado tanto al mismo tiempo durante las primeras 30 páginas de cualquier libro en mi vida". Sí, ok. Mensaje recibido. ¡Tonto Mike Mi-caca-lowicz-por-siempre!

Haz cosas diferentes. Se tú mismo de manera constante y sin disculparte. La gente que te necesita estará agradecida por siempre. ¿Y la gente que no te necesita? Estará agradecida de no caer en una farsa.

Ernestina Pérez necesitaba 15 clientes nuevos para lograr su objetivo de ingresos y no tenía idea de cómo conseguirlos. Mejor dicho, no tenía ideas nuevas sobre cómo conseguirlos.

Terapeuta en Chicago, había comenzado su consultorio en mayo de 2019, Artfulness Counselling. En esa época, trabajaba de tiempo completo en otro consultorio y con sus clientes privados los fines de semana.

En julio, llevó a su primera empleada, otra terapeuta. Para mantener un flujo constante de clientes, confiaba en Zocdoc, un servicio generador de clientes que cobraba tres mil dólares al año, por terapeuta.

"Descubrimos que la mayoría de los clientes nos buscaba porque éramos latinas", me dijo en una entrevista para este libro. "Hablamos español y entendemos la cultura latina. Se identificaban con nosotras."

En la primavera de 2020, Ernestina cambió el nombre de su consultorio por Latinx Talk Therapy. Quería tener un mayor impacto en su comunidad, lo que significaba que se quería expandir. Añadir 15 clientes nuevos le daría a ella y a su empleada carga completa y suficiente flujo de dinero para hacer la siguiente contratación.

Sus clientes ideales son latinos nacidos en Estados Unidos o que inmigraron muy jóvenes por lo que adoptaron la cultura estadounidense. En general, sus padres o tíos hablan español en casa y, para la mayoría, es la primera vez que alguien de la familia va a terapia.

"No sabía cómo conseguir clientes latinos. Tenía suerte de que me encontraran de forma ocasional", explicó. "No los obteníamos a través de las listas de pago en *Psychology Today* o Zocdoc. Me preguntaba: '¿De dónde voy a sacar todas esas recomendaciones?'. No había visto ningún consultorio privado que se enfocara en un grupo específico de gente. No podía seguir un sistema que funcionaba para otro consultorio enfocado. ¿Cómo crecer sin saber la manera?"

Esa primavera, Ernestina se unió a un grupo de empresarios en una de mis sesiones de *Sé diferente*. Se ofreció de voluntaria para ser conejillo de indias en el ejercicio de la mina de ideas. Después de compartir su cliente objetivo al grupo, apagó su video en Zoom y silenció su micrófono. Tomó notas con rapidez mientras otros empresarios y emprendedores compartían ideas de cómo hacer marketing diferente para su negocio, lo que desencadenó más ideas. Después de 20 minutos, tenía 40 estrategias nuevas para hacer marketing de inmediato.

Cuando me compartió su lista, la reté a hacer un Experimento Sé diferente para probar alguna de las estrategias. La alenté a comenzar con un video porque *1)* era poco común que los terapeutas hicieran eso, *2)* se necesita poco (o nada) dinero para crearlo y *3)* requería poco tiempo. La clave para Ernestina y para ti es empezar y generar el músculo de marketing diferente de inmediato. Haz marketing diferente de manera pequeña, de bajo costo y con pocos esfuerzos para comenzar. El mayor obstáculo al que te enfrentarás es el *valor* de hacer algo diferente. Y el objetivo es probar a bajo costo y con poco esfuerzo, para ver si funciona (o no).

"Un día estaba platicando con mi hermana sobre hacer videos diferentes... Ella ve un programa de televisión llamado *90 Day Fiancé* y me dijo: '¿Por qué no das consejos para parejas del show?'"

Ernestina nunca había visto el programa y cuando lo vio, entendió el potencial. En un episodio en particular, un estadounidense y una colombiana tenían un conflicto por diferencias culturales. Tras un minuto, la escena estalló en una pelea y la mujer arrojó el agua de un vaso al rostro del hombre.

"Cuando lo vi, entendí de dónde venía la chica colombiana. Su prometido era un machista", dijo Ernestina. "Mi hermana preguntó cómo podrían tener una relación sana y respondí: '¡Eso lo puedo hacer!'"

Grabó un video de ella viendo la discusión de la pareja y compartió conocimientos sobre cómo manejar mejor esos problemas: "Therapist Reacts — 90 Day Fiancé Jennifer and Tim". Déjame decirte que ese video es muy divertido. Ver a Ernestina tratando de mantener un decoro profesional cuando la mujer arroja agua al rostro de su novio es fascinante. Publicó el video en Instagram.

"No sabía cómo el video se transformaría en terapia. Se supone que los terapeutas son oyentes profesionales y moderados. Esto requería que fuera yo misma. Y tenía miedo de que alguien, viendo el video, se decepcionara de que yo estuviera viendo un *reality show*", explicó. "¡Pero funcionó! La gente me vio, se dio cuenta de que necesitaba ayuda con momentos en los que sus emociones explotan y llamaba para agendar cita."

Su reseña de *90 Day Fiancé* obtuvo casi 25 mil vistas en una semana. Su comercial estándar explicando sus servicios obtuvo menos de 600 vistas desde que lo publicó (un año antes). Planeó hacer más videos de "Terapeuta reacciona" pero se detuvo porque había sobrepasado su objetivo, con un video. Un video de prueba, nada más y nada menos. Su consultorio recibió 31 llamadas de personas que vieron el video y consiguió 23 clientes nuevos, ocho más de los que necesitaba.

De acuerdo con el United States Department of Labor's Bureau of Labor Statistics, en la actualidad, hay más de 552 mil profesionales de la salud en práctica en Estados Unidos. Ernestina es una en medio millón. Las matemáticas tradicionales sugieren que las probabilidades de éxito están en su contra. Las personas que escogen cuatro números al azar para la lotería tienen más probabilidades de ganar.

Pero en una semana de hacer un Experimento Sé diferente, Ernestina logró una meta de crecimiento con la que había batallado desde que inició su negocio. Ha ampliado su equipo, su lista de clientes, el reconocimiento de su marca y tiene planes de desarrollar un grupo de profesionales de la salud para cumplir con su misión. Atiende a una comunidad que la necesita, porque ahora la ven. Aceptó la responsabilidad de hacer marketing diferente para servir de manera excepcional. Y no tuvo que cambiar de forma radical su negocio o gastar una fortuna en ayuda con el marketing. Lo consiguió probando una estrategia diferente.

Tú también debes tomar el control total de la generación de prospectos. Como ya aprendiste, las recomendaciones de boca en boca son geniales, pero no las puedes controlar, dependes de tus clientes, esperando a que hablen de ti. No es regulable, es fortuito. Pagar por clientes potenciales, como lo hizo Ernestina, te pone frente a un pequeño grupo de consumidores solicitado por un gran grupo de competidores, sí funciona, pero se puede saturar mucho y ser muy, muy costoso. Y con las listas de pago estás a merced del algoritmo, formatos y reglas de la página.

La publicidad pagada es la multa por no ser diferente y la falta de perspectiva constante es tu sentencia de prisión.

¿Por qué la estrategia gratuita de Ernestina funcionó mejor que los probados y costosos servicios de generación de prospectos? Porque fue diferente para ese mercado. Fue lo suficientemente diferente para obtener atención inmediata del sector demográfico que quería, identificable para retenerlo y atractivo para hacer que la contactaran. Ése es el poder de lo diferente, sólo necesita ser diferente en el contexto de la gente que lo ve. Sí, hay millones de videos, con todo tipo de cosas. Pero para la comunidad latina en búsqueda de terapeuta, ver videos como el de Ernestina fue diferente. Por lo tanto, es una victoria.

¿Por qué funcionó la campaña de marketing de Reddit, a pesar de que sólo costó 500 dólares en estampas? La gente pegó el logo de un alien sonriente de la compañía en laptops y publicó fotos en redes sociales. En esa época, pegar estampas era muy diferente, de manera que su comunidad lo amaba. Ahora las laptops están cubiertas de estampas, lo que las hace imperceptibles. Reddit fue uno de los primeros en hacer que los usuarios *desfiguraran* sus laptops con estampas. Eso fue diferente. Eso ganó.

¿Por qué el disco homónimo de Beyoncé de 2013 ganó un Récord Mundial Guinness por ser el álbum vendido con mayor rapidez en iTunes? Porque lo sacó sin ninguna promoción anticipada. Lo lanzó de manera diferente y esa estrategia estuvo tan fuera de lo normal que se convirtió en su promoción. Tú no tienes que ser Reddit o Beyoncé para hacer algo diferente. Puedes convertirte en el siguiente Reddit o la siguiente Beyoncé diferenciándote. No necesitas ser súper especial, muy creativo o listo. No tienes que ser bueno por naturaleza para proponer ideas. Ni siquiera debes tener experiencia en negocios. De hecho, si crees que no tienes ni idea sobre el marketing, ya tienes una gran ventaja sobre quienes creen que el marketing es uno de sus puntos fuertes. ¿Recuerdas el mar de trajes grises, todos buscando su alma gemela? Todos aseguran que saben algo especial sobre marketing, cuando en realidad sólo saben publicitar como todos los demás.

Hacer las cosas diferentes no es para unos cuantos elegidos, seres creativos y bendecidos con un tazón infinito de ideas brillantes. Puedes aprender a hacerlo. Es un proceso simple. Puedes conseguir prospectos que noten esa cosa asombrosa que trabajaste tan duro para construir, para crear, para lanzar. Aunque hacer Experimentos Sé diferente parezca riesgoso, el único riesgo real es no hacerlos.

Cuando Ernestina hizo su video, estaba muy nerviosa. "En ese momento, apenas me acostumbraba a hablar en público. Pero tuve que retarme porque mi comunidad me necesita. Tuve que dar un paso al frente."

Al grabar el video, sintió como si fuera a vomitar. "Pensé: '¿Y si hago este video y la gente no toma en serio mi consultorio?'. Me estaba volviendo loca." Se dio cuenta de que el mayor riesgo no era parecer un chiste. El mayor riesgo era no ser vista.

Gracias a que dio un paso al frente, se arriesgó y realizó un giro, su nivel de confianza para diferenciarse aumentó (y también sus oportunidades). Desde que publicó el video —te recuerdo, un video, sólo un video— varias organizaciones la contactaron para que diera charlas, incluyendo HispanicPro, un grupo de trabajo para profesionales en el área de Chicago. Y, esto no te sorprenderá... ya hizo más videos.

"Ahora tengo la habilidad de proponer ideas", dijo. "Conozco las estrategias. Sé que cuando hago algo diferente le gusta de verdad a la comunidad que atiendo. Sólo debo recordarme que llamar la atención funciona y hacerlo de nuevo."

¿Te sientes como un novato? ¿Crees que el marketing no es lo tuyo o que de verdad apestas para eso? Perfecto. Estás listo para romper las reglas. Vamos a trabajar.

Tu turno

Llegamos a la fase de hacer lluvias de ideas y es crucial que estés abierto a las posibilidades de esta etapa. Conforme trabajes con este libro recuerda que no debes elaborar ideas *gigantes*. Pregúntate qué puedes hacer que sea un cambio simple, pero lo suficientemente diferente para llamar la atención, para conseguir que la gente diga en su mente: "No había visto eso antes". Empieza así, con diferencias pequeñas y fáciles.

Paso 1: Identifica los tres medios más convenientes para ofrecer tu marketing. He aquí una lista parcial de dónde sacar tu respuesta:

Publicación
Correo directo
Empaque
Publicidad exterior
Transmisión
Teléfono
Sitio de internet
Pago por clic
Marketing en motores de búsqueda
Correo electrónico
Redes sociales
Socios
Discursos
Red de referencias
Recomendaciones de boca en boca
Ferias
Publicidad de empresa conjunta.

Tip: no selecciones tu medio basado en las *mejores prácticas* en tu industria o porque *todos los demás lo hacen*. Considera dónde ves una oportunidad de ser diferente.

Paso 2: Empieza a generar ideas de marketing diferente para el medio que escogiste. Usa las técnicas que descubriste en este capítulo para ayudarte a comenzar. Considera un medio diferente para tu marketing. Realiza el método de mina de ideas que te enseñé. Identifica los aspectos ordinarios y oscuros de tu producto. Descubre tu *más*. Mezcla tu idea de marketing con una usada en otra industria. Cambia la etiqueta. Encuentra opuestos y vacíos. Piensa como un reportero y elabora ideas de marketing interesantes para la prensa.

Paso 3: Revisa las ideas que has creado y escoge tu mejor opción. ¿Cuál crees que tiene el mayor potencial, aunque te ponga un poco nervioso? Describe los detalles por los que sería diferente. ¿Cómo los prospectos notarán tu marketing? ¿Cómo se usará el medio? Sal de tu zona de confort, pero quédate dentro de la zona de tu yo real.

Paso 4: Por último, pregúntate: "¿Tu idea pasa el DAD?". Sólo estarás seguro a través de la experimentación, pero refina tu idea lo más posible para cerciorarte de que es una oportunidad segura que no puede ser ignorada con una indicación específica y razonable. Tacha cada elemento del DAD cuando estés seguro de que tu idea lo consigue.

PASO 3: EXPERIMENTACIÓN

MEDIO: _____

¿Qué plataforma de marketing usarás? Por ejemplo, sitio de internet, correo electrónico, correo directo, espectacular, etc.

IDEA:

¿CUMPLE LA ESTRATEGIA DAD?

☐ **DIFERENCIARSE**
¿Tu idea no se puede ignorar?

☐ **ATRAER**
¿Es una oportunidad segura?

☐ **DIRIGIR**
¿Es una petición específica y razonable?

PASO 3: EXPERIMENTO. Tercera etapa de un Experimento Sé diferente, donde se evalúa y propone un concepto de marketing diferente para cumplir la Estrategia DAD *de marketing.*

Mi turno

Mientras sigo trabajando en mi nuevo Experimento Sé diferente, ya determiné el quién (el lector), qué (el libro *Sé diferente)* y la recompensa (que compre un ejemplar). Ya determiné también que los $28 dólares de vvc de un cliente justifican con facilidad, en mi mente, una inversión por prospecto de $1 dólar. Ahora tengo que diferenciar esta oportunidad.

Primero, trabajo con mi idea. Una campaña de correo directo llamaría la atención, pero sería difícil mantener mi inversión debajo de $1 dólar por prospecto. Los videos son fáciles y baratos, pero es un medio común para la mayoría de los autores de mi género. Me di cuenta de que casi todos los autores tienen un librero estándar detrás de ellos. ¿Y si hiciera un librero muy diferente (algo que nadie más tenga) y presentara ahí mis libros?

Ya que tengo mi idea, la añado al Formulario del experimento Sé diferente:

> Medio: Todos los videos grabados y las transmisiones en vivo.
>
> Mi idea: Un librero inesperado.
>
> Diferenciarse: En esta etapa de construir el experimento, me concentro en Diferenciarme y hacer una mejor conjetura sobre atraer y dirigir. Sí es diferente, así que lo palomeo en la lista. La clave es que todos tienen un librero tradicional. Tengo que evitar eso.
>
> Una búsqueda de *libreros únicos* en internet muestra diseños sorprendentes. Uno parece Estados Unidos, otro dice LEE en letras gigantes (¡dirección incluida!), otro es un piano de lado. Todos son diferentes y creo que todos pueden funcionar.
>
> Siento que un librero diferente es lo correcto. Ahora debe ser coherente con mi marca y mantener a las personas concentradas en la fase de atraer.*

---

*Recordatorio: hice un video detallando mi Experimento Sé diferente sobre el librero. Tienes acceso gratuito a este y otros recursos en gogetdifferent.com.

Capítulo cinco
Atraer para retener

Nos patearon el trasero unos frikis de lentes con cinta adhesiva.

Comencé mi primera compañía, Olmec Systems, en 1996. A los 23 años dejé mi empleo de *chico de computadoras* para abrir mi negocio (como *chico de computadoras*). Empecé sin ningún presupuesto, como uno de nuestros competidores: Geek Squad. Su fundador, Robert Stephens, había lanzado su compañía dos años antes que la mía con sólo 200 dólares. (Respeto, hombre. Ése es mi tipo de startup.)

En un esfuerzo por parecer profesional, me presentaba a citas de servicio usando traje. Siempre era el mismo traje mal ajustado con hombreras de gran tamaño. No podía pagar dos trajes, mucho menos algo elegante (con hombreras más grandes). Pero pensaba que me veía bien. Imagina a un tipo larguirucho con un traje holgado de espantapájaros. Ése era yo. A veces, me ponía una playera polo marrón con el logo de la empresa. Estaba orgulloso de ese logo porque había pagado mil dólares por él. Sí, leíste bien: mil dólares de 1996, que son como siete mil millones de hoy. Al menos así se sintió en esa época. Mil dólares eran la mitad del capital de mi startup. Pensé que ese logo legitimaría mi compañía y atraería prospectos. Error número uno. El error número dos fue parecerme a cualquier otro técnico informático larguirucho del planeta.

¿El Geek Squad? Se presentaban a las citas con lentes de pasta con una cinta en medio, el *logo* más famoso de los nerds en todo el mundo. Pero el uniforme no terminaba ahí. Se veían como agentes *geeks* del FBI: camisa de vestir blanca, de manga corta y sin bolsillos, pantalones negros — lo suficientemente cortos para mostrar sus relucientes calcetines blancos—, zapatos negros con agujetas y una corbata negra con un pin del logo de la empresa. Incluso pusieron ese logo en las suelas de sus zapatos para que, cuando caminaran por las banquetas en los inviernos duros de Minnesota, dejaran huellas de "Geek Squad" en la nieve. ¡Genios! Punto. Diferentes. Genios.

Es más, ellos no se llamaban a sí mismos técnicos de computación, chicas de informática, chicos de computadoras o lo que sea. Eran agentes dobles, especiales y de contrainteligencia. El fundador de Geek Squad, Robert Stephens, se llamaba a sí mismo inspector en jefe. Yo me llamaba CEO y jefe de lavado de botellas. Sólo después me di cuenta de que se trataba con exactitud de la misma broma de autocrítica que usaban todos los dueños de negocios. Geek Squad tenía esa etiqueta diferente por completo mientras yo trataba de encajar. Ése fue el error número tres.

Para mí, su marca parecía un truco. Pensaba que eran un chiste y no era el único. Todos los competidores en nuestro espacio se reían de Geek Squad. ¿Creían que era tiempo de disfrazarse como si fuera Halloween todos los días? En serio.

Entonces, nos destruyeron.

De hecho, nos masacraron. Tal vez era *Halloween* (la película) después de todo y ellos Michael Myers con la máscara blanca, hackeándonos.

Geek Squad dominó el juego de la atención desde el principio. No eran más capaces que nosotros ni mejores en el servicio. En tal caso, nosotros teníamos mejor calidad de servicio. Nos vencieron a nosotros y a cientos de otras compañías de computadoras al hacer marketing diferente. Los chicos de Geek Squad se graduaron de ir en bicicleta con los clientes (historia real) a ir en Volkswagen Beetles pintados de blanco y negro con el logo en la puerta. Y estos autos diferentes les aseguraron que siguieran siendo la comidilla del pueblo. Su uniforme se volvió tan icónico que en 2000 la Minnesota Historical Society lo añadió a su colección. No encontrarás ninguno de mis trajes de espantapájaros o polos marrones colgados en ningún museo en Nueva Jersey. Estoy muy seguro de que ni siquiera los encontrarías en Goodwill.

La clave para el juego de marketing de Geek Squad no sólo era que la gente los notara. Su marketing llamó la atención de los clientes correctos y esa atención inicial se transformó en atracción duradera. La atracción sostenida proviene de ver un beneficio y sentir la seguridad adecuada en su búsqueda. Al final del día, un prospecto se sentirá atraído por tu marketing siempre y cuando sienta que tiene más que ganar que perder al continuar consumiendo tu mensaje. Toda la vibra de *Dragnet / Hombres de negro* infundía confianza en la gente, porque le recordaba al FBI *real*. La gente le daba el beneficio de su confianza de inmediato por sus uniformes y la curiosidad la mantenía comprometida.

Mientras nosotros, su competencia, nos reíamos de sus tonterías, los clientes acudían en manada a Geek Squad. Su atuendo era divertido, los convertía en *geeks cool* y hacía que sus clientes se sintieran seguros. Aunque Stephens desarrolló un sistema para brindar un buen servicio informático de manera constante (el beneficio), ni siquiera tuvieron que afirmar que eran mejores que el Joe (o Mike) promedio en la reparación de computadoras. Se fueron con lo diferente y lo mejor no importó.

En 2002, sólo ocho años después de fundar la compañía, Robert Stephens vendió Geek Squad a otra compañía con base en Minnesota, Best Buy, por tres millones de dólares más una gran parte de las futuras ganancias. Se quedó en la compañía y ayudó a hacerla crecer a más de mil millones de dólares de ingresos anuales. Al final, vendí mi primera compañía de informática por algunas decenas de miles de dólares en un acuerdo de capital privado. Seguro me quedé con una cereza, pero Stephens se quedó con todo el maldito helado. No puedo dejar de decirlo: lo diferente gana.

A estas alturas, espero que tengas una lista de ideas de marketing diferente para probar. Pero recuerda, es fácil emocionarse con una nueva estrategia de marketing que de seguro llamará la atención y luego pasar por alto el siguiente paso de la Estrategia DAD de marketing: atraer.

Debemos asegurarnos de que tu marketing Sé diferente atraerá a tu avatar ideal, esos prospectos con los que más quieres trabajar y que desean el servicio o producto que más quieres vender. Mientras lees este capítulo, ten a la mano tu lista de ideas del capítulo 4 y pregúntate: "¿Mi marketing Sé diferente hará que mi avatar ideal se sienta seguro?" y "¿Mi estrategia diferente muestra con claridad una oportunidad para ellos?".

¿Qué influenciadores de atracción usarás?

La etapa de atraer de la Estrategia DAD de marketing está diseñada para retener la atención de tus prospectos. Tienes que seguir ganándotelos, una y otra vez. En el momento en que te consideren poco interesante estarás acabado. Así que, para mantenerlos concentrados y generar el confort suficiente para que den el siguiente paso, necesitarás considerar qué *influenciador de atracción* hará el trabajo.

Entre las docenas de libros sobre el concepto de *atracción* de prospectos hay todavía más técnicas. *Cómo ganar amigos e influir sobre las personas*, de Dale Carnegie, fue mi primera lectura sobre el tema y desde entonces he descubierto y leído al menos 50 libros más. Destilé lo más importante y efectivo de estos influenciadores de atracción para ayudarte a pensar durante tu estrategia.

- **Autoridad**. Es cuando tenemos gran confianza en un individuo o marca porque lo vemos como un líder en su categoría. Nuestra creencia predeterminada es que tienen conocimientos, experiencia, capacidades o influencia mayor que la nuestra y confiamos en que su opinión respecto a su área es superior a la nuestra. Las personas que valoran esto se sienten atraídas por *codearse* con la autoridad para aprender y aumentar su importancia social. Por ejemplo, un doctor en un anuncio para un nuevo medicamento tiene más

probabilidades de vender que un piloto de carreras. Una autoridad con más experiencia aplicable percibida tiene más influencia. El piloto de carreras puede vender más llantas que el doctor.
- **Fuente confiable**. Es una persona o marca en la que ya confiamos y seguiríamos. No están en posición de autoridad necesariamente pero ya vivimos experiencias con ellos. Tenemos familiaridad con una fuente confiable y podemos predecir cómo resultará la experiencia con ellos. Por ejemplo, si tu mamá te ha cuidado y te dice que comas caldo de pollo para la gripe, es más probable que lo hagas a que si yo te digo que lo comas, a menos que ya tengas experiencia conmigo ayudándote con tu salud. Además, si ella te hizo el caldo antes y lo amas, es probable que escojas su receta en vez de la de otra persona.
- **Repetición**. Mientras más escuchamos un mensaje recurrente, más nos atrae. Si repetimos el mensaje en nuestra cabeza, empezamos a sentir como si se nos hubiera ocurrido a nosotros. Cuando notamos el mismo pensamiento que ya tuvimos en otra persona o repetido en marketing nos sentimos atraídos por él. ¿Cuántas veces has escuchado la frase *más vale tarde que nunca*? Seguro muchas, tanto que confías en ella y crees que es verdad. ¿En serio es mejor llegar tarde que nunca llegar? Tal vez a veces, pero no la mayoría de las veces. ¿Es mejor llegar tarde a una reunión que no llegar? Seguro. Pero es mucho mejor ser puntual. Con frecuencia, frases y *hechos* que repetimos (o escuchamos) ganan más confianza sólo porque se repiten lo suficiente, incluso si no siempre (o nunca) son verdad.
- **Importancia social**. Buscamos ser relevantes en nuestra comunidad. Cuando algo eleva nuestra posición en cualquier capacidad, por ejemplo, hacernos más fuertes, más sanos, más *cool*, más divertidos, mejores, nos sentimos atraídos por eso. Si el significado social es importante para ti, un producto

para el cabello que te promete ser *la envidia de tus amigos* y anuncios de autos que te aseguran que "la gente sabrá que eres exitoso incluso antes de que abras la puerta del auto" serán atractivos para ti.

- **Alineación**. Nos sentimos atraídos por lo que ya conocemos y sentimos. La alineación nos valida como somos. Una extensión de esto es el propósito o la rectitud, que hablan de nuestra misión y sistema de creencias. Esto juega con el *sesgo de confirmación*, la tendencia a favorecer las cosas en las que ya creemos y desacreditar o ignorar en lo que no creemos. Por ejemplo, si tienes un producto de comida nutricional empaquetada y deseas atraer personas que ya están comprometidas con su salud y bienestar, una estrategia de marketing centrada alrededor de *eres lo que comes* se alinea con su identidad y creencias. Si alguien cree que todas las calorías son lo mismo, ignorarán o desacreditarán tu marketing.

- **Seguridad**. Buscamos seguridad y protección ante el daño físico, la incomodidad, las dificultades financieras y el rechazo de nuestra comunidad o ideología. Nos sentimos atraídos por mensajes que nos hacen sentir seguros en cualquiera de estas áreas. Por ejemplo, reservar un vuelo que te asegura que su "sistema de filtración de aire de grado hospitalario mata 99.9% de bacterias y virus" nos hace sentir más seguros cuando nos meten como sardinas.

- **Comodidad**. Es una variante de seguridad, en la que sentimos aversión a perder y nos atrae el mantener lo que tenemos. Nos llaman la atención las cosas que asegurarán que podemos sostener y expandir elementos de nuestra vida y trabajo que ya disfrutamos. Todos hemos visto marketing que destaca el hecho de que *podemos hacerlo desde la comodidad de nuestro hogar*. Es bastante transparente, ¿verdad? El marketing que promete *evitar o prevenir* la incomodidad también atrae. El material impermeable para techos que no permite las filtraciones de agua en tu casa te protege de la incomodidad.

- **Expansión**. Nos gusta expandir las cosas que disfrutamos, poseemos y creemos. La gente que valora su lindo auto se sentirá atraída por uno más lindo, la que valora su privacidad quiere más privacidad y así… Cuando piensas en la expansión, piensas en mejoras, como hacer *upgrade* en el alojamiento o en los elementos de un viaje. Piensas en más, como en bonificaciones y extras.
- **Pertenencia**. Valoramos ser parte de una comunidad, ser amados por ella y contribuir a ella. Los mensajes que nos dan un sentimiento de pertenencia son atractivos para nosotros. Los "Little Monsters" de Lady Gaga son un ejemplo excelente de eso. Al darles a sus fanáticos un nombre, les ofrece una nueva comunidad e inspira a nuevos seguidores a unirse.
- **Salud**. Nos sentimos atraídos por cosas que nos dan salud, a menos que estemos hablando de muffins libres de gluten o una clase de spinning de tres horas. Se puede tratar de salud física, sexual, mental y más. Si algo mejora nuestra longevidad, fuerza, resistencia y nuestro bienestar en general, nos sentimos atraídos por él. Escuchas mensajes relacionados a la salud todos los días: serás más atractivo de manera física al usar este equipo. Podrás ser una potencia sexual con esta píldora azul. Pensarás con más claridad al tomar nuestro curso de meditación.
- **Alivio**. Las cosas que nos ofrecen alivio permanente o temporal del dolor físico o emocional son atractivas. Los humanos estamos programados para buscar placer y evitar el dolor. Si ambos pasan al mismo tiempo, por lo general gana la evasión del dolor. Considera que también puede ser alivio de algo simple, como sentarse en el tráfico por mucho tiempo.
- **Belleza**. Aunque no existe una definición única, nos sentimos atraídos por lo que encontramos agradable a los sentidos. Cuando sabes cómo definen la belleza tus prospectos, puedes amplificarlo compartiendo algo que podría ser visto como *más* bello. Este tatuaje mostrará tu herencia (es persuasivo

para las personas que ven eso como algo hermoso). El color de esta blusa enfatizará tus ojos.
- **Estima**. Nos sentimos atraídos por cosas y mensajes que nos hacen sentir valorados y reconocidos. Nos esforzamos por ser reconocidos, importantes y relevantes. La estima se parece a la pertenencia, pero con énfasis en una importancia específica. Por ejemplo, un premio, un galardón prestigioso o una distinción especial.

Considerando lo que sabes de tu cliente ideal (sus valores, preferencias y hábitos), ¿qué influenciador de atracción les hablaría con más claridad?

¿Tu marketing coincide con tu oferta?

El marketing extravagante sí que llama la atención, pero si es incongruente con la atención deseada, esa extravagancia se convierte en algo raro y eso debe evitarse. Atestigüé un gran ejemplo de esto mientras manejaba hacia un almuerzo con mi buen amigo Paul Scheiter. Cuando pasamos por un centro comercial a las afueras de St. Louis, Missouri, nos detuvimos en un semáforo en rojo (al lado de una Estatua de la Libertad).

En la esquina, un tipo desaliñado con bolsas bajo los ojos, una mueca épica y una barba de tres días estaba de pie con el disfraz de la Estatua de la Libertad más barato que puedas imaginar: toga verde, corona de espuma y todo. Tenía el aspecto de alguien que se acerca al final de una juerga de una semana. Para colmo, un cigarro medio quemado estaba en sus labios agrietados, el humo se arremolinaba y se retorcía alrededor de su casco de espuma. Se arrastró tres metros por la banqueta, se rascó, pasó frente a varios autos por unos segundos y después regresó arrastrándose. En sus manos curtidas sostenía un cartel que decía LIBERTAD FINANCIERA. CONSULTA GRATUITA SOBRE IMPUESTOS.

Aunque no pude evitar ver ese espectáculo, no quise hacer contacto visual. Cuando el semáforo se puso en verde, nos fuimos lo más rápido posible. En el último vistazo que le di, estaba poniendo su cigarro en la parte de atrás del cartel. ¡Dios mío!

Un sujeto con problemas, disfrazado de la Estatua de la Libertad, que parecía que mataría a la siguiente persona que viera en definitiva pasa la prueba de lo diferente. Sin embargo, fracasa en la prueba de atraer. Un criminal (en potencia) agotado (probable) no infunde confianza en servicios fiscales. Y aunque sólo fuera un chico desafortunado tratando de ganar dinero, su apariencia era incongruente con la oferta. ¿Consulta sobre impuestos? ¿Con este tipo? ¿O con la persona que lo contrató? Yo dudo del profesionalismo de cualquiera que haya pensado que era una buena idea ponerle un disfraz de 20 dólares a un sujeto y enviarlo a la calle. Y estoy seguro de que no fui la única persona manejando por ahí que se sintió así.

A veces, una idea que funciona en un contexto puede alejar a las personas en diferentes circunstancias. ¿Recuerdas la historia de las velas de Kasey Anton? Mantuvo su restaurante a flote enviando velas a clientes durante el mes de su cumpleaños con la oferta de un platillo gratis. Funcionó de maravilla, excepto en los meses de verano.

"Resulta que las velas no viajan tan bien cuando hace calor", me explicó Kasey en su correo. "De hecho, cuando llegaban a sus destinos, lucían más como el rostro derretido de un sujeto en *Indiana Jones y los cazadores del arca perdida*. En verdad no era lo que buscaba."

Kasey cambió las velas por confeti, que tampoco funcionó muy bien. La mayoría de las personas no quiere limpiar confeti del suelo. Así que guardó la idea diferente que había funcionado para los meses más frescos y probó otra idea durante el verano: un puñado de coloridos globos desinflados.

A veces tu oferta tiene sentido para tu prospecto ideal, pero deja afuera a todos los demás. En el capítulo anterior, compartí la historia del nombre de los Savannah Bananas. Fue el primer punto de inflexión para ese negocio porque le consiguió la atención que necesitaba para generar interés. Pero el nombre recibió duras críticas por parte de los medios deportivos de la ciudad, de fanáticos del beisbol locales y de otros dueños de equipos. Sentían que Jesse, Emily y su equipo no tomaban en serio el beisbol.

Adivina algo. No lo hacían. Tomaban en serio el entretenimiento familiar.

Cuando llegaron por primera vez al estadio Grayson Stadium, Jesse hizo docenas de llamadas todos los días y recibía la misma respuesta casi todas las veces. "Quería presentarme con la comunidad y que se emocionaran por la próxima temporada y por todo lo que habíamos planeado", me dijo. "Pero cuando mencionaba beisbol, la mayoría de ellos decía: 'En realidad no me gusta el beisbol'. Creían que era muy largo, muy aburrido o muy largo y aburrido."

El equipo anterior no podía llenar los asientos. ¡Diablos, ni siquiera podían llenar dos filas de asientos! Jesse sabía que debía hacer marketing para familias que buscaran una actividad divertida, no para fanáticos del beisbol. Así que cuando anunciaron que el nombre del equipo sería los Savannah Bananas —no los Cetros, los Marineros o cualquier otro nombre de equipo de beisbol *respetable*—, las críticas de los fanáticos del beisbol y la gente de la industria no los desconcertaron.

Jesse y su equipo sabían que el nombre atraería a las personas exactas que deseaban en sus juegos: familias que buscaban una actividad divertida. Gente que anhelaba entretenerse. El tipo de gente que quería ver la banda de animación y un grupo de baile para personas de la tercera edad. ¿Y si ahuyentaban a los fanáticos serios? Atrajeron a miles para llenar esos asientos porque su marketing se alineó con su oferta. Quiero decir, si compras un boleto para ver a los Savannah Bananas esperas divertirte. Y eso es lo que obtendrás, con un poco de beisbol.

Una rápida posdata para esta historia: ahora, esos amantes del beisbol también van a los partidos y les encanta. Descubrieron que el beisbol puede ser más que beisbol. Lo diferente, hecho de manera correcta, atraerá al cliente adecuado. Y los clientes adecuados atraen a todos los clientes.

Considera tu lista de 100 objetivos de prospectos. ¿Qué tipo de influenciador de atracción les parecerá atractivo? Por ejemplo, Geek Squad atrajo clientes usando tanto seguridad como curiosidad. Aunque fracasó, quizá el negocio de Libertad Financiera trataba de atraer clientes ofreciendo una sensación de comodidad económica. Entonces, revisa tu lista de ideas. ¿Cuáles fracasarían o rechazarían y cuáles atraerían a tus prospectos ideales?

¿Tu cliente objetivo está cansado de esto?

La primera vez que intenté hacer marketing para Olmec System hice una campaña de correo directo. Quería *elevar* mi estrategia de marketing de las ventas de puerta en puerta, pero fui nefasto. Bueno no, sí fui de puerta en puerta, pero me rendí después de mediodía. Ahora, recuerda que en ese momento seguía haciendo las cosas que todas las compañías hacen, razón por la que terminé con un logo de mil dólares que no causó ningún impacto. Sin resultados con el logo (sorpresa, ya sé), cometí el clásico error de copiar las *mejores prácticas* de marketing de mis competidores. Que, en este caso, fue comprar una lista. Dos mil nombres a 50 centavos de dólar cada uno, sí, lo hice de nuevo, mil dólares. Entre ese gasto, hojas membretadas, sobres y envíos... terminé gastando tres mil dólares.

Resultó que también fui un desastre con las campañas de correo directo. La compañía de la lista que me aseguró que todas las direcciones estaban actualizadas me mintió por completo, porque de los dos mil paquetes, cerca de un cuarto fue devuelto. De los restantes 1 500, sólo obtuve una respuesta. Y no fue buena.

El correo comenzaba con "Estimado____", y el nombre apropiado en el campo en blanco. El que regresó estaba dirigido a "Estimado Tyrone...". Sé esto porque me lo envió con su nombre circulado en rojo. Agregó una nota que decía "¿Te conozco, idiota?" Al parecer sí lo hacía, porque conocía mi apodo.

Mi objetivo de marketing eran dueños de negocios y fracasé en atraerlos desde el comienzo. En primer lugar, usé una técnica gastada que arrojó mi costoso anuncio a la basura junto a muchos otros costosos anuncios. Es más, al dirigirme a ellos de manera informal, con sus nombres en lugar de Sr. o Sra., terminé molestándolos. Bueno, al menos Tyrone estaba molesto. Si estás leyendo esto T-man, de verdad lo siento. No puedo recordar tu apellido, pero merecías el respeto de que lo usara. Con cariño, un idiota.

Mi primer intento de marketing fue un fracaso porque fallé en los dos primeros componentes de la Estrategia DAD de marketing, pero creo que el dirigirme de manera informal fue el verdadero desencanto. La experiencia me hizo temer tanto a las campañas de correo directo que no lo volví a intentar en cinco años. Para que conste, las uso ahora para la venta de libros al mayoreo y funciona de maravilla porque *a)* casi nadie las usa para promocionar libros, así que es diferente, *b)* están diseñadas para atraer un número de lectores muy específico y *c)* tienen una petición clara a hacer algo. Pregúntate, ¿tu estrategia de marketing está gastada o inspirada?

¿Tu idea le habla a la identidad de tu prospecto?

¿Conoces las dos palabras más poderosas del español? De hecho, son las más influyentes en cualquier idioma. Siempre te conseguirán atención. Si aparecieran en los titulares de los periódicos de hoy, te garantizo que leerías el artículo. Si tú y yo estuviéramos en una conversación y escucharas de fondo sólo una de estas palabras, tal vez seguirías viéndome, pero ahora escucharías lo que está en el fondo. Sólo una de estas palabras te atrae como un imán todas las veces. Y juntas son irresistibles. ¿Puedes identificarlas? ¿Al menos una?

Podrías pensar en *gracias*, *venta*, *gratis* o *sexo*. No es ninguna de ésas. Digo, bueno, tal vez *sexo gratis*. Pero no, ni siquiera ésas. Las palabras más atractivas, en cualquier idioma, son el nombre y apellido de una persona.

Una de las formas más seguras de llamar la atención de una persona y atraerla a tu oferta es usando su nombre. Siempre ponemos atención a nuestro nombre. Siempre. Verás el uso del nombre en todas las formas posibles: en placas de identificación en asientos de restaurantes; en agradecimientos durante campañas en la radio; en puertas de salas de conferencias; en mesas de invitados... Y, hombre, si supiera cómo poner tu nombre en la portada y las páginas de este libro, lo habría hecho. "Siempre pondrás atención a ____ ____." (Si quieres seguirme la corriente puedes poner tu nombre y apellido en los espacios en blanco.) Se ve bien, ¿no? Digo, ¡es tu nombre después de todo!

La gente también se siente atraída por su imagen. Podzemka, un club en Moscú, usó esto a su favor. Sus prospectos ideales son los Gen Z, un grupo demográfico en el que el marketing y la publicidad, con frecuencia, caen en saco roto. Así que Podzemka tuvo la idea de usar la imagen de sus clientes para atraerlos. En su sitio de internet agregó un espacio donde los asistentes podían subir fotos de ellos y agregar buenas plantillas y eslóganes. De este modo, los prospectos del club hacían anuncios para él. La Generación Z ama crear memes y compartir fotos entre ellos, así que esos anuncios, hechos por ellos, se difundían en las redes sociales como pólvora. Después de implementar esta estrategia, Podzemka tuvo un incremento de 50% en el tráfico de su página.

Además del nombre y la foto de un prospecto, hay otros aspectos de su identidad a considerar. Nos sentimos atraídos por imágenes y mensajes que reafirman nuestra identidad. Observa el eslogan "Don't Mess with Texas" (No te metas con Texas). Te apostaría a que no sabías que viene de una campaña dirigida a reducir la basura. A menos que seas de Texas, en cuyo caso, perdón. Estoy seguro de que sí sabías, porque eres texano y eso.

En 1985, el Departamento de Transporte de Texas pidió a GSD&M, una agencia de publicidad con base en Austin, inventar un logo que ayudara a lidiar con el problema masivo de basura. Querían algo dirigido a los hombres (que tiraban basura con más frecuencia que las mujeres) y a las personas que pensaban que ser texanas les permitía hacer lo que quisieran con su basura. A la firma se le ocurrió la frase "Don't Mess with Texas", en parte porque no querían usar la palabra *basura*. La palabra *mess* 'desorden recordaba a las mamás diciendo a sus hijos: "Clean up your messy room!" (¡Limpia tu desordenada recámara!)

La campaña se publicó en todo el estado: en señales de tránsito, letreros, anuncios de radio, televisión e impresos. Entre 1987 y 1990, la basura en las carreteras texanas se redujo en un 72%. ¿Por qué tuvo éxito? Porque el *cliente objetivo* (hombres manejando camionetas en las carreteras) sentía orgullo por su estado cuando veía los letreros. La campaña alineó ensuciar con *messing* (desordenar) su estado, con su identidad de texanos, y la gente dejó de aventar basura desde las ventanas de sus autos. No pasó mucho para que "Don't Mess with Texas" se convirtiera en una declaración de identidad para todos los texanos. Nos atraen los mensajes que son coherentes con nuestra identidad.

La identidad es poderosa. Por eso la polarización intencional también puede ser un factor de atracción efectivo. Nos atraen los mensajes que afirman que tenemos la razón y otras personas están equivocadas. ¿Por qué crees que tantos demócratas ven MSNBC y tantos republicanos ven Fox News? Porque se sienten atraídos por lo que reafirma su pensamiento, sus creencias, todo lo que los hace lo que son y se sienten repelidos por lo que va en contra de su identidad.

¿Es el momento adecuado para tu idea de marketing?

Después de que George Floyd fue asesinado y la nación fuera consumida por un ajuste de cuentas racial, yo detuve un Experimento Sé diferente. Había planeado lanzar un globo aerostático sobre la ciudad con un letrero que dijera: TERRÍCOLA. HEMOS VENIDO A SALVAR PEQUEÑOS NEGOCIOS. LEE *LA GANANCIA ES PRIMERO*. Estaba pensado para ser una manera muy diferente de publicitar un libro y esperaba salir en las noticias, pero sentí que era inapropiado. No era, en lo absoluto, momento de hacer marketing, para nadie.

Un par de semanas después, leí una publicación de Facebook que confirmó que había tomado la decisión correcta. La doctora

Venus Opal Reese, autora de *Black Woman Millionaire: Hot Mess Edition*, publicó una captura de pantalla donde cancelaba su suscripción a una lista de contactos e incluía un mensaje con la razón de por qué lo hacía. Terminaba así: "No puedo escuchar su marketing. Estoy muy ocupada tratando de estar sana, serena, segura y viva". Junto a la captura de pantalla, la doctora Reese publicó un mensaje para todos los especialistas en marketing. La línea de apertura es importante:

"Por medio de la presente te desalojo de mi bandeja de entrada. Mi correo electrónico. Mi correo postal. Si no te preocupas por mí en medio de todo lo que vivimos en este momento de la vida/en tiempo real, no te quiero en mi bandeja de entrada. No eres bienvenido".

La gente sabe cuando es objetivo del marketing y cuando te estás aprovechando de una crisis. También sabe cuando *ignoras* una crisis. Así que ten en cuenta el tiempo. No envíes marketing que podría lastimar a alguien o que demuestre falta de empatía o entendimiento. Pregúntate: ¿esto ayuda a mi prospecto ideal? y ¿es el momento adecuado para enviar este mensaje? Tal vez sea necesario enviar un mensaje diferente, uno que hable de los eventos del día y cómo pueden afectar a tu comunidad.

¿Tu truco te llevará a donde quieres ir?

En 2019, recluté a un montón de autores para conocernos y compartir nuestras mejores estrategias para aumentar el número de lectores y nuestras marcas. Don Miller, el autor de *Cómo construir una Story-Brand*, accedió a ser el anfitrión del evento en su bello hogar en Nashville. Sentado entre autores que admiro, Ryan Holiday (*The Daily Stoic*), James Clear (*Hábitos atómicos*), Jon Gordon (*El Bus de la Energía*), Chris Guillebeau (*100 Euros Startup*) y John Ruhlin (*Giftology*), estaba emocionado de dar mis mejores estrategias de marketing. Una de ellas incluía vender tus libros como libros usados en Amazon y después sorprender al cliente con uno nuevo. Esta estrategia crea ruido porque los compradores se entusiasman al recibir un ejemplar nuevo y limpio y a veces comparten eso en redes sociales. Está claro que cumple con diferenciarse, atraer y dirigir, ¿o no?

Después de dar este truco del siglo de marketing de libros, esperé con ansiedad una ovación de pie, por lo menos un aplauso o, al menos, un grillo aplaudiendo. No sucedió nada.

Ryan Holiday observó con atención la chimenea. Entonces dijo: "Odio esa idea. Es nefasta por completo".

Ouch. Eso fue una patada rápida a las bolas del ego. Mis mejillas se encendieron. Mi garganta se secó. Observé a Ryan mientras él seguía con la mirada en el fuego.

—¿A qué te refieres, Ryan? —dije, tratando de contener mi defensa.

Ahí fue cuando Ryan Holiday, la autoridad en estoicismo y sabiduría general, comenzó a soltar bombas lógicas.

—Estás pensando en pequeño, Mike. Sorprendes a gente que no ve suficiente valor en tu libro como para comprarlo nuevo. Son compradores tacaños buscando soluciones baratas. ¿Por qué tratarías de sorprenderlos?

La habitación estaba en silencio. James Clear y Chris Guillebeau asintieron con las cejas levantadas en un "mmm, sí, eso es obvio". Resistí las ganas de deslizarme de mi silla y, en vez de eso, fijé la mirada en la chamarra de mezclilla de Ryan, forrada con lana de oveja. Parecía un vaquero.

—Peor —continuó—, tu marketing es muy pequeño. Tienes que hacer una pregunta más grande. Quieres vender millones de libros y este truco vende uno o dos.

Ryan continuó viendo el fuego un rato más. Entonces, volteó a verme y dijo de nuevo:

—Esa idea en verdad apesta.

Ryan es un tipo muy inteligente, introspectivo y motivado. Fue el último en llegar a nuestra reunión y el primero en irse. No pierde el tiempo en sutilezas y tonterías. También es como 15 años menor que yo. Traté de superar todo eso, pero su consejo fue duro.

En el vuelo de regreso a casa fui honesto conmigo. Ryan tenía razón: me había enfocado en una idea de marketing que sólo consiguió un par de ventas. Y como esa idea funcionó, ignoré el hecho de que me estaba llevando con lentitud a mi objetivo.

Para ser claros, no estoy de acuerdo con Ryan sobre mis compradores de ganga. Si compraste este libro con descuento, lo sacaste de la biblioteca o lo encontraste en una caja de libros gratis en la calle (que ha pasado, por cierto) no hace ninguna diferencia para mí. Estoy a favor de ahorrar la mayor cantidad de dinero posible y valoro a todos y cada uno de mis lectores.

Y no estoy de acuerdo con Ryan sobre los *trucos*. Tienen mala reputación. Si un truco genera negocios constantes y significativos, los usaré todo el día.

Pero tenía razón sobre una cosa. Había pensado en pequeño. La estrategia de marketing del descuento generaba una o dos ventas de libros por vez y terminaba con el último lector. Si quería erradicar la pobreza empresarial, necesitaría mover más libros. Millones de libros.

Comencé preguntándome: ¿cómo podía mover 100 ejemplares más cada día? Esa mejor pregunta ha dado mejores respuestas. Usé un Experimento Sé diferente para evaluar y probar ideas que me ayudarían a atraer al tipo de lector (y grupos) que compraría docenas, si no es que cientos de libros. Conseguí eso a través de múltiples y diferentes técnicas. Configuré una nueva secuencia de correo electrónico. Modifiqué las propiedades de mi sitio de internet. Cambié el formato de las notas clave virtuales. Y, de manera más efectiva, agregué un nivel de marketing en el que la gente usa mis libros para promocionarse. Como resultado, vendí muchos más libros y esas ventas me ayudaron a aumentar mi adelanto para este libro de manera significativa. Esto no es para presumir, sino para señalar el poder crítico de lo diferente.

El adelanto que recibí por este libro fue decenas de miles más de la cantidad en la que vendí mi primera compañía. Me tomó ocho años hacer crecer esa compañía y venderla. Mejorar de forma radical mi venta de libros me tomó ocho minutos de escuchar y algunas horas de Experimentos Sé diferente.

Meses después de nuestra reunión de autores, le mandé un mensaje a Ryan: "Oye, Ryan. Sólo quería agradecerte por lo que compartiste. Tu consejo, literal, me dio decenas de miles de dólares. Muchísimas gracias, hermano".

Respondió: "NP".

Clásico de Holiday.

Mientras evalúas si vale la pena seguir tu idea diferente, sé honesto contigo, tan honesto como Ryan fue conmigo. ¿Estás enamorado de una idea que parece increíble en la superficie, pero que atraerá prospectos que sólo te llevarán hasta cierto punto? ¿Estás pensando en pequeño? Tal vez tengas que regresar y revisar tu avatar ideal. Por cierto, eso es bueno. No debes tener todo bien a la primera. Esto es un experimento, ¿recuerdas?

Mientras investigaba sobre Geek Squad para este libro, encontré una entrevista que le hizo Clay Collins a Stephens en 2012. Copio esta cita: "Geek Squad tenía que sobresalir, porque no podíamos permitirnos estar en la sección amarilla, no podíamos pagar espectaculares… Todo [era] marketing porque no teníamos dinero para marketing". *Todo era marketing porque no teníamos dinero para marketing.* Me gusta eso. He escuchado a Stephens decir que lo mejor que le pasó fue no tener nada de dinero para marketing de su negocio y ahora entiendo por qué.

En esa misma entrevista, leí que Stephens veía su marketing como "un gran performance artístico experimental". Como había hecho Experimentos Sé diferente por meses, esto fue una confirmación más de que pensar en el marketing Sé diferente como un experimento es la forma de eliminar el ruido del juicio personal. Ellos no tenían miedo de probar cosas no convencionales para llamar la atención. Los Savannah Bananas hacen cosas fuera de la caja todo el tiempo. Yo siempre estoy haciendo cosas raras. Sólo asegúrate de que tu cosa *diferente*, cualquiera que ésta sea, actúe como un faro en la noche para la gente a la que quieres servir.

Tu turno

Antes de que avances a la etapa de Indicar, determina si tu idea de marketing diferente atraerá a tus clientes ideales y cómo puedes hacerla más atractiva para ellos. Recuerda, los tres elementos del DAD funcionan juntos y no funcionan por sí solos. Así que, de nuevo, ¡no te brinques este ejercicio!

Paso 1: Identifica tres influenciadores de atracción congruentes con la forma en que quieres hacer marketing para tus prospectos. He aquí una lista para que empieces:

Autoridad
Belleza
Importancia social
Consistencia
Seguridad
Comodidad
Expansión
Alineación
Estima
Salud
Alivio
Pertenencia
Propósito
Curiosidad
Fuente confiable
Repetición

Después describe cómo usarás cada una de las tres técnicas que elegiste en conjunto con tu idea diferente para hacerla atractiva.

Paso 2: Si puedes, mezcla los tres influenciadores de atracción para amplificar el impacto. O si no se pueden mezclar, escoge el que consideres más atractivo para tu prospecto ideal. Escribe o dibuja cómo usarás el factor de atracción para retener al prospecto.

Escribe o dibuja cómo funcionaría esto con el elemento diferente que escogiste.

Paso 3: Determina si tu idea cumple con atraer, si lo hace, palomea ese cuadro de tu formulario del Experimento Sé diferente.

Mi turno

Acomodé los estantes del librero para que mis libros aparezcan a la altura de mi hombro, basado en la idea de diferenciarme. Después empecé a jugar con la etapa de atraer mientras probaba mi idea.

<u>Medio:</u> Todos los videos grabados y las transmisiones en vivo.

<u>Idea:</u> Un librero que no se pueda ignorar, que exhiba mis libros, que inspire a la gente a comprarlos.

<u>Atraer:</u> Diferenciarse está palomeado, pero se puede amplificar. Me falta trabajar en algo que mantenga los ojos de las personas en el librero y los libros en la repisa.

<u>Reverso del formulario del Experimento Sé diferente:</u> Buscando atraer, usé un librero estándar y coloqué mis libros de manera prominente. Noté que, cuando la gente ve los videos en vivo, puedo descargar el chat al concluir. La gente tenía conversaciones de otros temas, incluido el librero. Era claro que tener los libros sobre mi hombro derecho llamó más la atención que sobre el hombro izquierdo. Tal vez éste sea el patrón F que la gente sigue al escanear la pantalla. ¿Qué ideas son más atractivas que un librero estándar? Buscar en Google y en Etsy "libreros únicos".

También encontré uno que parecía un árbol. ¡Un librero de árbol! Esto podría ser un guiño al árbol del conocimiento. Eso es congruente con mi marca, proveer conocimiento que simplifique el viaje empresarial. Y el librero de árbol puede mantener más comprometida a la gente que una repisa estándar. Encontré a un fabricante en Etsy que lo hiciera. Costaba 12 mil dólares. Es un gasto de una sola vez y lo presenté a más de 250 personas a la semana en videos en vivo. Mi hipótesis es que dentro de cinco semanas alcanzaré mi inversión por prospecto y, con el tiempo, ese costo se reducirá casi por completo. El librero de árbol aprovecha los influenciadores de atracción de curiosidad y belleza.

Estoy mejorando los parámetros de mi experimento y probaré con este librero en potencia más atractivo. Sólo una cosa más, necesito aprobar la dirección primero.

Capítulo seis
Dirigir para obtener resultados

Ya sea que te gusten o los detestes, muchos artistas callejeros son expertos en marketing. Aparecen de formas diferentes, hacen que los veas y atraen a su audiencia ideal (la mayoría del tiempo). Y conocen perfectamente el paso *dirigir*. Cuando pasas junto a un cantante de ópera en la calle, un grupo de *breakdance* o un tipo con una guitarra, ya sabes con exactitud qué quieren que hagas: poner dinero en el bote. Desean que les demuestres aprecio por su singularidad dándoles una propina. No te dan una secuencia de cosas qué hacer. No ves un letrero que diga:

1) Toma una foto.
2) Súbela a tus redes sociales.
3) Agrega una descripción y la dirección de esta esquina.
4) Cuando termines, por favor dame una propina de la cantidad que puedas aportar y no afecte tu economía.

Tampoco te dan una lista de opciones:

1) Sígueme en Instagram y Twitter.
2) Aplaude de forma dramática. Sé ese aplaudidor que todos "amamos".
3) Pon esa cara de bobo (con la boca abierta) y mira a tu alrededor para que otros se den cuenta.

O:

1) Regístrate en mi lista de correo electrónico.
2) Visita mi sitio de internet para reservar un show privado.
3) Déjame una propina abundante.

Las instrucciones son tan claras como obvias. Sabes justo qué hacer. Llenar el maldito bote de dinero con efectivo, ahora. La claridad y especificidad sobre qué hacer no garantiza que el prospecto pague, pero aumenta las probabilidades.

Agregar pasos y dar demasiadas opciones crea fricción, como explica Roger Dooley, autor y pionero en neuromarketing, en su libro *Fricción*. En cada oferta de marketing, asegúrate de tener una indicación clara y haz que sea fácil de cumplir.

Incluso puedes hacer más específica tu indicación para obtener justo el resultado que quieres. Tener una indicación clara te asegura más respuestas (o sea más propinas). ¿Y si quisieras que fueran billetes más grandes?

Cuando mis hijos Jake y Tyler trabajaban en la tienda de donas Beignets en Denville, Nueva Jersey, les dije: "Pónganle sabor a ese frasco con billetes de cinco y 10 dólares. La gente los verá y les dará más propina de la que hubiera dejado". Funcionó. Incluso si los clientes no dejaban un billete de cinco en su frasco, al menos dejaban un dólar, lo cual era más que la propina promedio que les daban antes de implementar esta estrategia. A los clientes que notaban las propinas anteriores, los billetes les parecían la norma y actuaban de forma acorde.

Puedes llevar las cosas demasiado lejos. Jake y Tyler pudieron echar cuatro billetes de 100 dólares, pero hay un punto donde la petición se vuelve irrazonable. Un cliente que vea una propina de 100 dólares en el frasco quizá se desanime por no poder igualarla; tal vez le parezca tanto dinero que decida no dar propina justificando que alguien ya les dio por todos; a lo mejor hasta se roba un billete. Al dar indicaciones, sé específico y razonable.

El Centro de Investigación Hotelera de la Universidad de Cornell publicó un informe que detalla 20 estrategias usadas por los meseros para obtener más y mejores propinas. En un restaurante, seguro te ha llegado una cuenta que incluye los porcentajes de propina recomendados en la parte inferior, ¿verdad? Ésa es una forma de hacer que las personas den más propinas, sólo porque es específico y más fácil para ellas (no tienen que hacer los cálculos). La mayoría aprecia esta información y, como resultado, da más propinas.

En otra prueba, los clientes recibieron una tarjeta que sugería porcentajes específicos con base en la calidad del servicio: 15% para un servicio adecuado, 20 para un servicio mejor que el promedio o 25 para uno sobresaliente. Esta técnica redujo la cantidad de propinas súper altas y, en el transcurso de un día, el promedio de propinas permaneció igual, incluso bajó. Esto fue el resultado de dos problemas obvios con el método.

Primero, la fricción de reflexionar en qué categoría encaja tu experiencia gastronómica antes de dejar la propina. Segundo, elegir la categoría *adecuada*. La mayoría de las personas son reacias a dar altas calificaciones por un servicio a menos que de verdad sea espectacular. Entonces, si eres una persona que por lo general deja 20%, siguiendo las pautas de calidad de servicio tal vez des una propina más baja (15%) de la que dejarías normalmente.

Dar a los comensales orientación sobre cuánto deja la gente normalmente resultó en los mayores aumentos de propina. No sólo hacer la cuenta, sino hacer el cálculo y mostrar cómo da la propina la mayoría de la gente en ese restaurante. Es como poner un bote de propinas y aderezarlo con billetes de cinco y 10 dólares.

El paso final en la Estrategia DAD es asegurarte de que tu marketing Sé diferente tiene una indicación singular: una petición simple que haga actuar a tu prospecto. ¡Consigue esos billetes de cinco y 10 dólares!

Tu indicación puede ser simple

Si alguna vez fuiste a los Badlands, viste los anuncios de Wall Drug. De hecho, sus espectaculares pintados a mano se ven durante más de 900 kilómetros sobre la carretera Interestatal 90, desde Minnesota hasta Montana. Esos letreros, tan famosos como la tienda en sí, ayudaron a Ted y Dorothy Hustead a salvar su incipiente farmacia en *medio de la nada* (en Wall, Dakota del Sur). Los lugareños estaban muy afectados por la Gran Depresión y, poco después de comprar la tienda en 1931, se dieron cuenta de que no tenían suficientes clientes. Aun así, Dorothy era optimista sobre su futuro éxito y acordaron darle cinco años.

Meses antes de la fecha límite de cinco años (y todavía luchando por conseguir clientes en la tienda), a Dorothy se le ocurrió una idea inspirada en el constante sonido de los autos que pasan por la Ruta 16A. Reflexionó sobre el largo camino que recorrerían los viajeros atravesando la llanura… seguro querrían un poco de agua helada. Los Hustead tenían mucho hielo y agua. Pensó que, si se los ofrecían gratis a las personas que pasaban por allí, entrarían a la tienda. Una vez adentro, los viajeros se convertirían en clientes y comprarían otras cosas.

La indicación era simple: ven a Wall Drug por agua helada gratis. Para llamar la atención de los conductores, Dorothy tomó prestada (¿recuerdas C & D?, copiar y duplicar) una idea de Burma-Shave. Para cuando se le ocurrió la idea, la compañía de cremas de afeitar llevaba más de una década imprimiendo eslóganes en anuncios secuenciales y colocándolos en las carreteras de todo Estados Unidos. Cada letrero tenía una parte de la frase. Algunos eran sobre su producto:

Brochas de afeitar / Pronto las verás / En el estante / De algún estanque / Burma-Shave.

Y otros eran sobre la seguridad vial:

No tomes una curva / a 100 km por hora. / Odiaríamos perder / a nuestro cliente ahora / Burm-Shave.

Los letreros eran muy efectivos porque los viajeros seguían poniendo atención para recibir el mensaje completo. Fue una obra clásica sobre la atracción de la curiosidad. Mantenían la atención del prospecto al darle algo incompleto, ocupando su mente durante el aburrido viaje en carretera hasta que pasaba el siguiente letrero para ver si habían acertado en su suposición. Burma-Shave ocupaba la mente de los prospectos durante muchos minutos del viaje. Era un marketing súper bueno y Dorothy lo sabía. Así que preparó un poema:

Quieres un refresco / o algo muy fresco / da vuelta en la esquina / muy pronto / sobre la autopista 16 y 14 / Gratis agua helada / Wall Drug.

Ted y su hijo pintaron los letreros en tablas de 30 por 91 centímetros y las pusieron a lo largo de la carretera. Cuando volvieron a la tienda, los clientes ya habían ido. La idea de Dorothy había funcionado. Los letreros eran lo suficientemente diferentes como para atraer a sus clientes ideales y la indicación les decía qué hacer con exactitud. ¿Entendiste? Tenían clientes que habían aparecido antes de que los especialistas en marketing (el equipo de Dorothy) regresaran a la tienda. Lo diferente funcionó. Y a veces funciona muuuy rápido.

El verano siguiente, los Hustead contrataron a ocho empleados para atender a todos sus clientes. Con el tiempo, Wall Drug se expandió y se convirtió en una parada turística importante que atrae a millones de visitantes cada verano. Agregaron una tienda de regalos y otras tiendas, restaurantes, un museo de arte y una escultura de brontosaurio de 25 metros (*cof*-diferente-*cof*). Wall Drug todavía es propiedad de una familia y todavía ofrecen agua helada gratis, pero ahora también dan calcomanías gratis para los parachoques y dejan que sus clientes hagan marketing por ellos.

Robert Stephens, nuestro amigo de Geek Squad, dijo en una conferencia: "Entre más aburrido es un negocio, mayor es la oportunidad de diferenciarse". Lo aburrido ofrece oportunidades masivas porque la definición de aburrido es ser igual. Los chicos de computadoras son aburridos, el repartidor de pizza y las farmacias también (por eso la gente busca drogas). Si tu industria es aburrida, baila de felicidad ahora mismo porque con un poquito de la magia de Sé diferente te harás notar. Una farmacia aburrida se volvió atractiva para millones de personas gracias al factor de diferenciación de un poema secuencial que prometía agua helada gratis. ¡Súper! ¡Qué fácil es lograr que te vean! Y una vez que lo haces, ¡enviar a millones de personas por tu camino!

Tu petición para hacer algo puede ser tan simple como "ven por agua helada gratis". De hecho, entre más simple, mejor. Puedes mantenerla tan simple que ni siquiera necesites palabras. Para hacer que más gente usara las escaleras normales en vez de las eléctricas, la ciudad de Bruselas las hizo musicales. Las pintaron como las teclas blancas y negras del piano y las manipularon para que cada escalón tocara una nota diferente al pisarlo. No hay letreros alentando a la gente a usar las escaleras. No hay mensajes sobre la salud o el ejercicio. Sólo una serie de escalones musicales que llaman la atención y atraen a la gente que quiere divertirse subiendo escaleras. Es un ejemplo perfecto de Estrategia DAD. Los escalones musicales se notan (se diferencian), son divertidos (atractivos) y accionables (dirigidos), todo sin decir una sola palabra.

Cuando tu marketing genera la acción equivocada (o ninguna)

¿Conoces *The Sims* o *Madden NFL*? Si no, sólo te diré que son unos videojuegos súper exitosos producidos por Electronic Arts (EA). En 2009, la compañía lanzó el videojuego *Godfather II* con una idea de marketing diferente. Con la esperanza de que la prensa hablara sobre el juego, EA envió nudillos de acero (*boxers*) a los críticos e influencers. ¿El problema? Alguien en el equipo no hizo la tarea, no evaluó el riesgo y… fue una bomba. En muchos estados, es ilegal tener *boxers* sin una licencia. Entonces, EA no sólo envió un arma por correo postal, en casi todos los casos envió un arma ilegal por correo.

Al final, EA solicitó que los *influencers* los devolvieran. Aunque EA sí generó ruido en los medios de comunicación en torno al juego *Godfather II*, al final no se trataba del juego, sino del fiasco de los nudillos de acero. Claro, su marketing diferente se notó y llamó la atención. También fue *atractivo* para algunas personas. Es decir, ¿cuántas veces has visto *boxers* en persona (mucho menos recibido por correo postal)? La curiosidad mantuvo la atención de la gente: "¿Ya te llegaron los *boxers*?". Pero la campaña de marketing se vino abajo en el último paso. Seguro que generó una acción, pero fue la incorrecta. EA no dirigió, distrajo.

Las grandes empresas se equivocan todo el tiempo, pero la rentabilidad supera el riesgo de manera constante. Es mucho más probable que hayas oído de *The Sims* y *Madden*, que de la historia de los nudillos de acero (o el videojuego *Godfather II*). Cuando lo diferente falla, en la mayoría de los casos desaparece en el éter. Vale la pena probar algo diferente, pero pon atención a las advertencias del sentido común. Porque, a veces, sólo a veces, una empresa asume un riesgo sin considerar las consecuencias. Sólo se avientan con su estúpida gran idea.

Por ejemplo, la campaña de marketing para el programa de televisión *Aqua Teen Hunger Force*. En 2007, Turner Broadcasting colocó un montón de dispositivos azules que brillaban y parpadeaban en lugares públicos, aleatorios, en Nueva York, Boston y en otras ocho áreas metropolitanas importantes. Te daré un momento para pensar por qué no funcionó. Un dispositivo que brilla y parpadea. En Nueva York, Boston, debajo de puentes, en túneles, en las entradas del metro. ¿Qué crees que pasó?

Sí, tienes razón. Fue como una mala comedia. Los residentes de la ciudad asumieron que los dispositivos eran bombas y notificaron a la policía. De pronto, esa inteligente idea de marketing se convirtió en un susto terrorista que terminó cerrando carreteras y haciendo que la policía local y federal buscara bombas por toda la ciudad. Turner Broadcasting esperaba que la gente y los medios hablaran sobre el programa. En cambio, etiquetaron la campaña de marketing como un engaño. Bueno, no todo el mundo. Sólo el gobernador de Massachusetts. Todos los demás estaban tan enojados que usaban un lenguaje que, incluso un tipo como yo, de Jersey, no diría. Sí, fue así de malo.

A veces, una idea de marketing no desencadena ninguna acción. A esto le digo *más vale pájaro en mano*... tenías un gran captador de atención, tu gente estaba interesada y luego... puf. Nada que hacer, excepto tal vez decir: "Eso fue genial". Como la vez que le pedí a uno de mis *Buzz Warriors* que se parara en un espacio público y leyera en voz alta *El Gran Plan* con un acento inglés antiguo, ni más ni menos. Sí. Eso fue poco convencional y llamó la atención, pero no generó ventas de libros. O nuevos suscriptores a mi lista de correo electrónico. La idea no funcionó porque olvidé dirigir a la gente a que hiciera algo.

Vemos esto todo el tiempo con el diseño de páginas de internet. Visitas un sitio y no tienes ninguna pista de los siguientes pasos. A veces, ni siquiera sabes qué se supone que vas a comprar. O el omnipresente botón *para saber más* o *learn more* está en todas partes, cuando la idea principal de un sitio de internet es obviamente aprender más.

En su asombroso libro sobre diseño web *No me hagas pensar*, Steve Krug dice que los visitantes no consumen, escanean. De cierta forma, el mundo es una página de internet y todo el tiempo estamos escaneando, buscando qué es diferente, si es para nosotros y si hay una acción clara que realizar. Tu cliente ideal ¿puede descubrir con facilidad lo que debe hacer o es un misterio que necesita resolver? Es mejor que el siguiente paso singular sea súper obvio y claro. Si te pones lindo o los abrumas con opciones, sólo los confundes. Y como dice mi buen amigo Don Miller, autor de *Marketing Simple*: "Si confundes, pierdes".

La confusión no siempre será obvia para ti. Así que tus buenas amigas, las señoras Métrica y Medición, te ayudarán. Si las combinas con la escucha atenta, las indicaciones simples para actuar serán más claras y evidentes cada vez.

Cuando firmaba libros después de una charla, abría la primera página en blanco, agregaba el nombre del invitado y luego firmaba mi nombre. Si el tiempo lo permitía, agregaba un mensaje genérico como: "¡Tú puedes!" O "¡Eres el mejor!". Un día, en un evento, noté que una mujer en la fila me veía con atención. Por lo general, las personas conversan entre sí o tratan de escuchar la conversación que tengo con quien está frente a mí. No esta mujer. Concentró sus ojos ágiles en la firma, en cómo lo hacía.

Cuando fue su turno, deslizó su ejemplar de *La ganancia es primero* y dijo: "Estás firmando el libro en la página equivocada. Firma en la página del título para que cuando las personas lo publiquen en redes sociales, el título esté ahí".

Al principio mi ego gordo apareció y pensé: "¿Quién diablos eres tú? Soy un autor increíble, superimportante y especial (ejem, según mi mami). ¡La gente está aquí para verme! Sé cómo firmar un maldito libro, porque ¡mi mami dice que yo soy especial!".

Entonces (tras superar el berrinche dirigido por un ego del tamaño de King Kong) le dije: "¿Sabes? Es una gran observación. Gracias".

Dahhh. Estaba firmando libros de manera que, incluso si los lectores publicaban su página de autógrafos en las redes sociales, en realidad no me ayudaba a crear conciencia sobre mis libros ¡porque era una página en blanco! Aunque, bueno, ¿qué diferencia habría si las personas no publican sus fotos?

Otro dahhh: aunque sabía que la gente responde al ver o escuchar su nombre, olvidé la importancia del mensaje personal. A pesar de que sólo requiere un poco más de tiempo (de 30 a 60 segundos, como máximo), pensé que sería más eficiente si escribía mensajes generales. Además, no soy tan creativo después de firmar docenas de libros. Pero la cuestión es que un mensaje personal influye en la estima de los lectores. (Recuerda, estima es uno de los influenciadores de atracción.) Cuando ven su nombre y el mensaje personal, es mucho más probable que tomen una foto de ese autógrafo y la publiquen para que todo el mundo la vea.

Desde entonces, firmo los libros de forma diferente. Me aseguro de hacerlo en la página del título, incluir el nombre del lector y un mensaje personal. Como resultado, cuando las personas comparten la página de autógrafos en sus redes sociales, sus seguidores ahora ven el título de mi libro. También incluyo una pequeña tarjeta de presentación que dice: "Mándame una foto sosteniendo el libro abierto en la página de la firma para que te envíe un regalo de agradecimiento con contenido adicional para el libro". Me mandan la imagen (una solicitud específica y razonable) y les envío contenido adicional con la siguiente solicitud razonable: publicar la imagen en redes sociales. Con la indicación específica de la tarjeta, casi la mitad de los lectores a los que les firmo publica una imagen en las redes sociales. Cuando seguí todas las partes del DAD, pasé de cero a trillones. Tú también puedes.

Algunas indicaciones fallidas no se pueden solucionar. Sí, los estoy viendo a ustedes, nudillos de acero y genios de bombas parpadeantes. Y algunos errores se solucionan haciendo pequeños ajustes, como mis inútiles autógrafos en blanco. Para evitar que la petición falle por completo, piensa en tu experimento. ¿La indicación desencadenará una acción incorrecta? ¿O ninguna acción en absoluto? No podrás predecir todos los resultados (nadie puede), pero puedes evitar los errores más importantes con un poco de tiempo para reflexionar.

Diseña la indicación para tu comunidad

¿Sabías que las abejas ven colores en el espectro de luz ultravioleta? Esto significa que ven muchas más variaciones que los humanos. Como ven más colores, las abejas y otros insectos detectan las diferencias en las partes de una flor que, para nosotros, parecen de un solo color. Esto les ayuda a aterrizar en las flores y encontrar los estambres y pistilos. Así que pregúntate: ¿qué puede ver, oír o comprender tu comunidad que otras personas no pueden? ¿A qué respondería que otras personas no lo harían?

Dorothy Hustead de Wall Drug entendía muy bien a sus clientes ideales. Sabía que habían viajado un largo camino por una llanura que parecía interminable. También sabía que seguro tenían calor y sed. Entonces, se le ocurrió una indicación que los atraería: agua helada gratis. Para obtener los mejores resultados, diseña la instrucción para tu comunidad. ¿Qué les atraería de manera específica?

La identidad también juega un papel trascendental para hacer que las personas actúen. Piensa en cómo tu indicación puede confirmar el sentido de identidad de tus clientes ideales. Por eso el lenguaje es tan importante. Comprender la jerga de tu cliente ideal puede activar o estropear la instrucción.* La tienda de videojuegos GameStop entró a la categoría de estropear.

GameStop creó un anuncio diseñado para que los *millennials* compraran un paquete de juegos. La indicación consistía en votar por el paquete que quisieran. El problema fue que el lenguaje apagó a los *millennials* (a lo grande). El anuncio decía: "GameStop así de ¿cuál paquete quieres por $7.5 dólares?". Se volvieron una broma entre los clientes que querían atraer porque dijeron algo que los *millennials* no dirían. Como resultado, su idea de marketing fracasó. Si planeas hablar el lenguaje de tus clientes, es mejor que lo hables bien. El lenguaje debe ser apropiado para la audiencia y el contexto.

En *Cambia el chip: Cómo afrontar cambios que parecen imposibles,* los autores Chip y Dan Heath explican el desafío de la motivación conflictiva a través de una analogía entre un elefante y un jinete. El jinete es la parte lógica y racional del cerebro; el elefante es la parte emocional e impulsiva del cerebro. El jinete dice: "Necesito perder cinco kilos". Pero el elefante dice: "Quiero comer galletas con chispas de chocolate". Como el elefante es más grande y más fuerte, le gana a la lógica.

---

* Dale una hojeada al libro de Jeffrey Shaw titulado *Lingo: Discover Your Ideal Customer's Secret Language and Make Your Business Irresistible* para dominar el idioma de tu comunidad.

Si quieres influir en tu prospecto para que haga lo que deseas, debes alinear al jinete y al elefante para que ambos quieran lo mismo, tu dirección. ¿La solución? Algo atractivo que se alinee tanto con la emoción como con la lógica. Cuando uses la dirección, pregúntate: ¿qué ofrece a la gratificación instantánea del deseo emocional de mis clientes (ganancias rápidas, pasos fáciles, recompensas rápidas)? Y ¿qué satisface los deseos lógicos a largo plazo (cambio permanente, impacto y mejora notables)? Por ejemplo, si vendes parrillas, el beneficio instantáneo puede ser un folleto gratuito sobre cuidados especiales al encender la parrilla. ¿Satisfacción a largo plazo? Unos asados sin preocupaciones para toda la vida.

Los tres motivadores

La forma en que diriges a una comunidad depende por completo de tu relación con ella. ¿Te ven como:

1) alguien superior
2) alguien igual o
3) alguien inferior?

En otras palabras, ¿aspiran a ser como tú, sacar provecho o aprender de ti? Es decir, ¿estás en una posición superior en la que das consejo o ayuda? ¿Te ven como uno de ellos, como un igual que puede comulgar, compartir e intercambiar? ¿O te ven como inferior, en una posición en la que te beneficias de ellos?

La posición de la relación depende de las circunstancias que rodean al momento. Por ejemplo, en una misa se pueden experimentar los tres tipos de relación. Durante el sermón, la iglesia está en posición de superioridad. Durante la limosna, la iglesia está en posición de inferioridad. Y al final, cuando hay kermeses o venta de café y cosas a la salida, por lo general, la iglesia está en una posición de igualdad.

Como proveedor de bienes y servicios para tu cliente, experimentarás las tres relaciones. La pregunta es: con lo que publicitas ahora, ¿cómo ve el cliente la relación en este momento? El sesgo y la ignorancia son factores aquí, así que si no sabes cómo te perciben tus clientes, experimenta y comprueba hasta que lo descubras.

Si estás en una posición superior, diles qué hacer. "Compra esta playera" o "aprende de mí" serían ejemplos de indicaciones en el contexto superior. Los verbos de mando generan las frases de acción más fuertes cuando te perciben como la autoridad en la relación. Recompensa el cumplimiento de tu solicitud con demostraciones de avance en la relación. Frases como *tomaste una gran decisión, te encantará esta playera* y *lo lograste*.

Si te ven como un igual, entonces invítalos a *unirse a nuestra comunidad* o *conectar con nosotros*. Los verbos de inclusión generan las frases de acción más fuertes para relaciones de igualdad. Recompensa el cumplimiento de tu solicitud mostrando a tu prospecto su significado en la comunidad. Notifica a tu comunidad con mensajes como *nos gustaría que todos dieran la bienvenida a nuestro miembro más reciente* o *[Nombre del cliente] es parte de la familia*.

Y si estás en una posición inferior, donde tu comunidad siente que te beneficiarás de sus conocimientos, recursos o habilidades, pídeles que actúen con mensajes como *comparte tu experiencia, dinos cómo servirte* o *¡coopera ahora!* Los verbos de apelación generan las frases de acción más fuertes cuando la gente te percibe como el principal beneficiado del intercambio. Recompensa el cumplimiento de tu solicitud reconociendo su posición superior. Por ejemplo, *hiciste una gran diferencia, gracias por liderar el camino* o *nunca olvidaremos tu generosidad*.

Muchos oradores motivacionales están en una posición superior a sus seguidores.[*] Por eso, si usan un lenguaje de posición inferior, como *dime qué puedo hacer por ti*, no funcionará. Pero si su dirección es *asiste a mi entrenamiento de cinco días*, entonces ganan. Por

---

[*] Visita gogetdifferent.com y descarga los recursos gratuitos para ver un ejemplo de cómo hice una estrategia Sé diferente con mi "relación" con celebridades. Creo que la encontrarás, ya sabes, diferente.

el contrario, si un grupo de *mastermind* como la Organización de Emprendedores (EO) dice: "Asiste a nuestra capacitación de cinco días", el mensaje no será tan exitoso como si dijera: "Únete a tus compañeros emprendedores" o "Aplica para convertirte en miembro". Y si eres Kiva, una organización que ayuda a las poblaciones pobres facilitando micropréstamos a los dueños de negocios, decir "Aplica para contribuir" no será tan efectivo como "Ayuda a los dueños de negocios que lo necesitan" o "Impulsa a otros". La dirección debe adecuarse con la posición o fracasará.

Échale más leña al fuego

En la terminal C del aeropuerto de Newark, puedes cenar en un restaurante llamado Classified. Bueno, siempre y cuando sepas que existe… y dónde está. Y si conseguiste invitación o reservación. Para tener acceso a este restaurante estelar (de hecho, para saber siquiera que existe), debes ser miembro 1K del programa cliente frecuente de United Airlines o conocer a alguien que lo sea *y* te invite. Cuando por fin me inscribí a la lista de miembros de Classified, me aseguré de agendar tiempo para comer ahí en mi próximo viaje de negocios. ¿Por qué? Porque sólo saber de él me hizo sentir especial. Que me dejaran entrar me hizo sentir como un pez gordo. Y como *me encanta* sentirme así, no guardé el secreto. Le conté a *todo el mundo* sobre el restaurante. De hecho, invité a 10 amigos sólo para *hacerlos entrar*. Siempre que viajo con mi familia vamos a este restaurante. ¿Por qué? Porque puedo. Conozco el *truco* del marketing, pero el ego *me siento bien por ser especial y sentirme como un pez gordo* me sigue atrapando y haciendo que abra la cartera.

Los secretos pueden desencadenar una lealtad extrema. Saber sobre el restaurante secreto y exclusivo en el aeropuerto de Newark fue una razón importante para hacerme cliente leal de United. La mayoría de las aerolíneas son buenas para los secretos, la exclusividad y la escasez. Todos tienen membresías de plata, oro, platino, diamante, lo que sea (preciosas gemas de metal o plástico), que hacen sentir a sus clientes especiales e importantes. Cuando un viajero alcanza el estatus de "élite", ya no vuela con otra aerolínea. Ése es el poder de, ya sabes, el estatus de pez gordo.

Ajito es un restaurante japonés en Calgary escondido tras una vieja máquina de Coca-Cola. Literal, es su puerta de entrada. Podrías pasar de largo y nunca saberlo. ¿Por qué es una victoria de marketing? Porque la gente ama los lugares secretos y subterráneos. Le gusta el desafío de "descubrir" lugares secretos y el encanto de estar "al tanto".

En Towaco, Nueva Jersey, el restaurante Rails tiene dos bares: uno está afuera del comedor principal y otro es secreto, escondido tras una estantería. (¿Ves? De verdad no puedo guardar secretos. No me digas nada.) ¿Alguna suposición de cuál bar es el más concurrido?

Y si de verdad quieres aumentar el poder de dirigir, limita la disponibilidad. Como mencioné antes, ando tras una camioneta pickup. Cuando empecé la búsqueda en 2020, la nueva Ford Bronco estaba disponible para pedidos, con fechas de envío a partir de 2021. Hay siete versiones diferentes para elegir. Si estás dispuesto a esperar, hay una reserva ilimitada y la demanda es sólida. Sin embargo, hay un modelo muy limitado, la Primera Edición, el cual es el doble de caro que el modelo básico. Pero se agotó en minutos. ¡Dos veces! La Ford Bronco Primera Edición se agotó tan rápido que Ford respondió duplicando la producción a siete mil para dar cabida a las quejas de "Me la perdí por minutos" que llegaban de personas que la estaban esperando pero no alcanzaron a dar clic y escribir la información de su tarjeta de crédito a tiempo. Ford duplicó la disponibilidad y, minutos después, otra vez se acabaron.

Cuando algo escasea, puedes echarle más leña a la acción. Ni siquiera buscaba una Bronco, pero di clic en *Compra tu Bronco* muy rápido, porque si esperaba, me perdería la oportunidad de tener una Primera Edición. Al final no compré la Bronco —la verdad, ni siquiera la consideré con seriedad—, pero bajo el poder de la escasez, di muchos más pasos de los que esperaba. Sospecho que, si hubiera podido, seguro habría hecho un depósito. Quizá mientras me llenaba la boca de galletas con chispas de chocolate (maldito elefante).

Como nota al margen, analicé mi tiempo de búsqueda en internet para un automóvil nuevo y, desde la prisa por la Bronco Primera Edición, noté que pasé 68% más tiempo viendo productos de Ford que de todos los demás fabricantes juntos. Ése es el otro poder de la escasez: cuando te pierdes la escasa oferta, al menos quieres seguir en el club. No fue una Bronco, pero hice un depósito para el nuevo auto eléctrico Ford 2022. Y no, tampoco estaba buscando ese coche en particular.

Sabes que necesitas una dirección singular y muy específica para asegurar que tus esfuerzos de marketing produzcan resultados, pero ¿cuál debería ser? Para descubrirlo sólo pregúntate: "Exactamente, ¿qué quiero que haga mi prospecto ideal en esta etapa? Dar clic y comprar; suscribirse a una lista o seguir en redes sociales". Ésas son solicitudes fáciles y claras. Pero a veces necesitas que tu cliente siga varios pasos o rutas para conseguir el resultado que quieres.

Entonces, empieza con el final en mente y trabaja hacia atrás. Ya hiciste esto al establecer los parámetros de tu objetivo: el quién, qué y la recompensa. Conoces al prospecto ideal (quién), cuál oferta le conviene más (qué) y el resultado que quieres (recompensa). Al saber cuál es la recompensa, haz una ingeniería inversa para crear la menor cantidad de pasos que lleven a tu prospecto a ella. Cada acción en la secuencia de pasos que quieres que sigan tus prospectos debe cumplir con dos requisitos: *1)* ser una petición razonable —no *demasiado* algo (pronto, tarde, poco, mucho, cerca, lejos, etc.)— y *2)* ser una petición segura donde la recompensa supere el riesgo percibido por el prospecto.

Cuando ya tengas una indicación clara, asegúrate de que *todos* tus prospectos ideales puedan realizarla. Por ejemplo, ¿tu instrucción requiere que las personas tengan un tipo específico de teléfono? ¿Usar determinado navegador de internet? ¿Pagar sólo en efectivo? ¿Cómo te aseguras de que tu petición es factible (casi sin esfuerzo) para la mayoría (idealmente todos) de tus prospectos deseados? Tal vez no estás preparado para todos los imprevistos, así que prepárate para recibir retroalimentación durante los experimentos y las implementaciones posteriores. Escucha a los prospectos que señalan dónde fue confuso o difícil para ellos.

Recuerda, muchas opciones causan duda, así que identifica una petición accesible para casi todo el público que quieres. En su libro *The Paradox of Choice*, el psicólogo Barry Schwartz explica que demasiadas opciones llevan a la parálisis. ¿Conoces esa sensación que aparece cuando ves un menú de 20 páginas lleno de opciones y no puedes decidir qué pedir? La paradoja de la elección es así, y quieres evitar que tus clientes ideales se sientan de esa forma. Dales una y sólo una acción para realizar.

Refina aún más tu indicación informando a la gente qué esperar cuando ejecuten esa acción. ¿Qué pasará cuando entren a tu página de internet, llamen al número de teléfono o se registren para disfrutar algo increíble?

Tu turno

Estás en la etapa final de la Estrategia DAD de marketing, así que ¡sigamos! Recuerda, el marketing efectivo requiere una indicación específica. ¿Cuál es la tuya?

> **Paso 1:** Revisa o perfecciona la acción final que quieres que haga tu prospecto, el objetivo de compra final. Ya lo documentaste como la Recompensa en el primer paso de tu Formulario del Experimento Sé diferente.
>
> **Paso 2:** Luego, identifica la acción inmediata que deseas que realicen en esta etapa.
>
> **Paso 3:** Al final, escribe la frase (o la posición) que usarás para indicar a tu cliente potencial que lleve a cabo esa acción inmediata. Confirma

que la frase o cualquier forma de indicación que generes sea clara, específica, razonable y factible. Si es así, palomea esa casilla en el Formulario del Experimento Sé diferente.

Mi turno

Las pruebas pasadas demostraron que la singular colocación de los libros en mi librero tradicional funcionó para llamar la atención (diferenciarse) y retenerla un poco (atraer). Con mi nueva prueba del librero de árbol, quiero obtener una mayor atención (diferenciarse) y mantener a las personas enganchadas por más tiempo (atraer). También necesito asegurarme de que di en el clavo con la fase de dirigir con una petición específica y razonable.

Refino la idea de dirigir antes de realizar la prueba. Hago esto, como debería, en el reverso de mi hoja de papel.

Medio: Todos los videos grabados y las transmisiones en vivo.

Idea: Un librero de árbol que no se pueda ignorar, que exhiba mis libros, que inspire a la gente a comprarlos.

¿Pasa el DAD?

Sí, para diferenciarse con un librero de árbol, aunque sólo las pruebas demostrarán si funciona.

Sí, para atraer con un librero de árbol porque la estructura hará que los ojos deambulen de forma natural... Se necesitarán pruebas para demostrarlo, por supuesto.

Ahora es momento de dirigir (en el reverso de la hoja).

Dirigir: Me presento ante más de 250 personas a la semana. Puedo poner un cartel que diga "Compra estos libros en Amazon", pero eso se siente demasiado directo. Como si fuera un escaparate.

Voy a decir algo así: "Tal vez ya notaste los libros sobre mi hombro. Los escribí para simplificar el viaje empresarial. Si crees que te pueden servir, búscalos en Amazon ahora mismo".

También podría recompensar a las personas que publiquen en el chat el libro que acaban de pedir enviándoles contenido extra gratuito en agradecimiento. Eso también será un mecanismo de prueba social; cuando la gente ve a otros ejecutando cierto comportamiento, lo replica. Es una indicación fuerte y clara.

Ya mejoré todos los parámetros del experimento y siento que maximicé mis probabilidades de éxito. ¡Ahora estoy listo para echar a andar la prueba!

Capítulo siete
Experimentar, medir, amplificar, repetir

Aclaremos de una vez por todas una cosa muy cierta: algunas de tus ideas diferentes serán una mierda. Borra eso. La mayoría de tus ideas diferentes serán nefastas. Me atrevería a suponer que más de 90% de mis ideas diferentes fueron un fracaso —fallaron en los milisegundos de marketing—. Pero el 10% que llegó hasta el final compensó con creces los experimentos que no lo hicieron.

Cuando Michelle Scribner, CEO de Sum of All Numbers, leyó una de las primeras versiones de este libro, la arrojó contra la pared de su habitación de hotel. Estaba enojada porque necesitaría nueve intentos para tener una buena idea y molesta porque sabía que era verdad. Quizá también te enfurezcas por la tasa de fallas, pero no desperdiciaré tu tiempo con cómodas mentiras. Ésta es la dura verdad. Debes ser diferente y necesitas encontrar esa diferencia a través de pruebas, pruebas y más pruebas.

El proceso de fracasar generará recompensas espectaculares, te lo aseguro. Las gotas de ganadores en un mar de perdedores harán que quieras rendirte. Empezarás a preguntarte si alguna de tus ideas funcionará. Sentirás que algunas son demasiado arriesgadas para intentarlo. Cuando te sientas así, recuerda que la competencia se siente igual. Todos experimentan ese magnetismo de regreso a lo que siempre han hecho, a la forma en que todos los demás lo hacen. No porque funcione, sino porque sienten seguridad.

Entonces, si sientes la necesidad de recurrir al mismo método de marketing de llenar los espacios en blanco con la estrategia que todos los demás utilizan, no te preocupes. Es normal. Si escuchas a los asesores, agencias y expertos decir: "Debes hacer ___", donde el espacio en blanco es el método de marketing que dicen todos los demás, es normal. Pero el hecho de que sea "normal" no significa que debas hacerlo. Seguro sentirás ganas de hacerlo, pero no deberías.

Hacer cosas diferentes da miedo porque nadie más las hace así (¡y por eso debes hacerlas!). Y justo como nadie más las hace, por eso serán efectivas.

Nuestra inclinación como simples mortales es mimetizarnos —hasta tenemos un refrán para eso: *a donde fueres haz lo que vieres*—, por lo que descartarás tus ideas sin considerar si realmente vale la pena perseguirlas o no. La tendencia humana a controlarnos mata la invención y la innovación, por eso quiero que tengas la mentalidad de que tus ideas no tienen que convertirse en parte permanente del plan de marketing empresarial. Sólo son experimentos.

Durante mi clase de ciencias en secundaria, cuando salía una nube de humo por mezclar productos químicos incorrectos, el maestro Fordyce decía: "Buen trabajo, acaba de encontrar algo que podría matarlo. No hagamos eso a gran escala. Probemos un nuevo experimento". De la misma manera, tienes una hipótesis de marketing —puede que funcione, puede que no— y vas a echar a andar una prueba para descubrir si tienes algo. Sin presión para hacerla en grande, dar en el clavo, ser perfecto; nada de eso, ni siquiera cerca. Sólo harás divertidos experimentos de laboratorio.

Una de las razones por las que compramos cursos y paquetes publicitarios es porque creemos en las estadísticas de los proveedores: tasas de apertura de correo electrónico, tasas de clics y porcentajes de participación. Pensamos que, como otras empresas de nuestra industria obtienen esos retornos de inversión, nosotros también lo haremos. Así que nos ponemos el traje gris más bonito y esperamos lo mejor formaditos al lado de los otros de traje gris. Y entonces sucede. Aquí escuchamos la mayor mentira de marketing de todos los tiempos: si tu marketing no funciona, es porque todavía no haces lo suficiente.

Sí, lo mencioné antes, seguro más de una vez. Lo repito porque es uno de los pecados más comunes que cometen los *expertos* en marketing. Déjala apestar. Sí, dije *apestar*. Esa mentira está muy podrida. Lo diré una vez más para lograr un efecto dramático.

En todo el mundo, la principal mentira del marketing es:

Si tu marketing no funciona, es porque todavía no haces lo suficiente.

¿Los anuncios no funcionan? Debes hacer más. ¿El sitio de internet no está convirtiendo clientes? Necesitas más tráfico. ¿El comercial de radio es un fracaso? Tienes que ponerlo en más estaciones, más veces al día.

¿Recuerdas a Linda Weathers? Gastó 500 mil dólares tratando de obtener sólo un cliente potencial, en parte porque escuchó el mensaje de que no estaba generando suficiente volumen. Más, más, más.

¡Todo es una mierda!

Pura mierda sin adulterar.

Si haces algo y no funciona, quizá le falta un componente del DAD. No hay duda de que lograste cierta significancia estadística —suficientes intentos para que al menos una persona tenga muchas probabilidades de ponerte atención—, pero hacer más de las mismas cosas imperceptibles e ineficaces es un gran error. Es como decir: "Nadie puede ver al hombre invisible… entonces pongamos a toda la familia invisible en el escenario. ¿Ahora los ves?". Por supuesto que no. Más invisible sigue siendo invisible.

Por otro lado, dudamos en intentar ideas frescas porque no hay estadísticas que digan que funcionarán. No sabemos si las personas responderán a lo que tratamos de hacer y, si lo hacen, no estamos seguros de si realmente generará clientes potenciales. Si lo piensas unos minutos, seguro te darás cuenta de que tuviste ideas que dejaste morir sólo porque pensaste que implementarlas era demasiado arriesgado. Tal vez pensaste que tus ideas implicarían demasiado tiempo, dinero o esfuerzo. En otras palabras, parecían demasiado arriesgadas para probarlas, así que las dejaste en segundo plano.

¿Alguna vez has reflexionado en esa frase *dejar en segundo plano*? Creemos que significa poner algo a fuego lento durante un tiempo mientras cocinamos algo más, planeando retomarlo más tarde. Pero en realidad nos olvidamos de eso por completo. ¿Y sabes qué pasa cuando olvidas algo en la estufa? Lo arruinas, destruyes el sartén y terminas con una especie de costra que nadie consumirá jamás.

Necesitamos dividir nuestras ideas de marketing de grandes *planes de marketing* a factibles *experimentos de marketing*. En estas pruebas pequeñas descubrimos qué funciona y qué no y, quizá lo más importante, empezamos a desarrollar nuestro músculo de marketing. Aquí averiguamos si dominamos los milisegundos y si vale la pena implementar nuestras ideas a gran escala. Siempre empieza con experimentos de marketing (manejables y reveladores). Luego, con las pruebas exitosas, pasa a los planes de marketing (completos y continuos).

Pero algunas ideas no merecen el tiempo y dinero necesarios para echar a andar el experimento. Por lo tanto, primero evalúo mis ideas y luego las pruebo. Quiero que hagas lo mismo. Nada matará tu confianza más rápido que un montón de intentos fallidos y una pila menguante de efectivo, así que primero examina la idea y luego realiza el experimento. En otras palabras, haz lo posible para experimentar de forma económica. Si el experimento es un éxito (o puede llegar a serlo tras algunos ajustes), entonces invierte más, impleméntalo y observa cómo fluyen tus clientes potenciales.

Pero ¿cómo averiguar cuáles ideas tienen potencial y cuáles no deberían ver la luz del día? Pues evaluándolas para ver si se adhieren al DAD y monitoreándolas para ver si de verdad funcionan. En este capítulo, te guiaré a través de cómo realizar tu Experimento Sé diferente. Ya completaste la mayor parte del trabajo que requiere. El siguiente paso es probar tu idea y determinar si está lista para su implementación.

El formulario del Experimento Sé diferente

¿Conoces a alguien a quien se le ocurren toneladas de ideas? Grandes, divertidas, extravagantes, perversamente inteligentes... ¿Cómo lo hace? No es que tenga un talento especial *per se*. Tiene un proceso. Lo hace con tanta fluidez que es inconsciente. El formulario del Experimento Sé diferente es una manera sencilla de crear ideas de marketing viables (tus experimentos). Así evaluarás si tu enfoque de marketing se dirige al prospecto adecuado con la oferta correcta, si usa el DAD (diferénciate, atrae, dirige) y si vale la pena seguirlo.

Hace más de una década, desarrollé un borrador del formulario del Experimento Sé diferente para mí. Lo he probado de forma repetida con mis ideas y las de mis clientes. Lo uso tan seguido que se volvió automático; veo oportunidades de marketing diferentes en todas partes. Has trabajado con este cachorrito a lo largo de todo el libro, desde el capítulo 3. Lo revisaremos paso a paso para que, a partir de este momento, también lo uses en automático.

Como recordatorio, puedes bajar tu formulario del Experimento Sé diferente y todos los recursos para este libro en gogetdifferent.com. Te recomiendo que imprimas hojas de repuesto para tenerlas a la mano mientras sigues leyendo. Y si no te gustan, puedes echarles un ojo en este momento y seguir trabajando en tu cuaderno.

Antes de completar todo el formulario, recuerda: es importante probar un experimento a la vez. Al final, generarás muchas ideas, pero empezaremos sólo con una prueba. Tratar de gestionar y monitorear múltiples estrategias de marketing diferentes diluirá tu enfoque y te volverá loco. Además, al igual que cocinar tu receta favorita, con el tiempo puedes descubrir que una pizca extra de sal o un poco menos de harina hace toda la diferencia. Un Experimento Sé diferente no es hacer o morir. Es hacer, rehacer, modificar o morir.

FORMULARIO DE EXPERIMENTOS
SÉ DIFERENTE

PARA _____
FECHA _____ PRUEBA # _____

PASO 1: OBJETIVO

QUIÉN
¿Quién es el prospecto ideal?
_____

QUÉ
¿Qué oferta les ayuda más?
_____

RECOMPENSA
¿Cuál es el resultado que quieres?

PASO 2: INVERSIÓN

VVC DEL CLIENTE: _____
El típico valor de vida (ingresos) de un cliente.

TASA DE CIERRE PROBABLE: _____ **DE CADA** _____
La tasa de cierre probable de prospectos, por ejemplo 1 de cada 5.

INVERSIÓN POR PROSPECTO: _____
La cantidad de dinero que estás dispuesto a arriesgar para conseguir un prospecto.

NOTAS:

PASO 3: EXPERIMENTACIÓN

MEDIO: _____
¿Qué plataforma de marketing usarás? Por ejemplo, sitio de internet, correo electrónico, correo directo, espectacular, etcétera.

IDEA:

¿CUMPLE LA ESTRATEGIA DAD?

☐ **DIFERENCIARSE**
¿Tu idea no se puede ignorar?

☐ **ATRAER**
¿Es una oportunidad segura?

☐ **DIRIGIR**
¿Es una petición específica y razonable?

PASO 4: MEDICIÓN

INTENCIONES

FECHA DE INICIO: _____
DE PROSPECTOS PREVISTOS: _____
RETORNO PREVISTO: _____
INVERSIÓN PREVISTA: _____

RESULTADOS

FECHA DE TÉRMINO: _____
REAL DE PROSPECTOS: _____
RETORNO REAL: _____
INVERSIÓN REAL: _____

OBSERVACIONES:

VEREDICTO {

EXPANDIR Y MONITOREAR
Usarla como una estrategia continua

REPETIR LA PRUEBA
Probar con una nueva muestra

MEJORAR
Corregir e intentar de nuevo

ABANDONAR
Empezar un experimento nuevo

El Formulario del Experimento Sé diferente

La buena noticia es que, si has seguido las instrucciones del libro, ya completaste los pasos uno, dos y tres. Pero para asegurarnos de que daremos en el clavo en todo, volveré a revisar cada elemento.

En la parte superior del formulario del Experimento Sé diferente o en una hoja de papel escribe el nombre de tu empresa (en el campo PARA), la fecha (en el campo FECHA) y el número de tu experimento (en el campo PRUEBA #). Como apenas estás comenzando, el número es uno. Me doy cuenta de que esto es tan básico como poner tu nombre en la parte superior del examen de quinto grado, pero hay una razón más allá de la simple organización. Al ponerle un nombre, te haces cargo. Es el primer paso para obtener el control sobre el crecimiento que ya he mencionado. Cuando escribo "PARA: La marca Michalowicz" o el nombre de una de mis empresas en la parte superior, tengo este fuego interior que sólo puedo describir como la sensación de "¡Hagámoslo!". No es sólo un experimento al azar (no estoy tratando de sacar una buena calificación en clase de ciencias). Es un experimento que podría cambiar mi negocio para siempre. Pronto tendrás una pila completa de estos cachorritos y el número te ayudará a encontrar tu (posiblemente, con suerte) brillante idea de marketing diferente. Es tu catálogo de genios del marketing.

PASO 1: OBJETIVO

Si ya completaste la sección del final del capítulo 3, llenar esta parte será pan comido. Básicamente, ¡copia y pega! Ten en cuenta lo siguiente:

QUIÉN: ¿Quién es tu prospecto ideal (o avatar, si prefieres ese término)? Con suerte, lo descubriste en el capítulo 3. Si no, no hay mejor momento que el presente. Recuerda: un avatar es el conjunto de cualidades de la persona con la que más quieres trabajar. Ten en cuenta que dije *persona*, no *grupo de personas*. Evita los mercados generales como *todos los pilotos* o *mamás con niños pequeños* o *niños pequeños con mamás* para el caso. Sé súper específico, por ejemplo: un piloto que se jubila este año y quiere comenzar una nueva carrera o una mamá con cinco hijos menores de 10 años en casa, que todavía no se ha vuelto loca. (Este último es sólo hipotético, por supuesto.) Entre más específico es el avatar, más poderoso se vuelve nuestro marketing diferente para estas personas. Saber quiénes son con detalle te permite realizar un enfoque de marketing muy específico.

QUÉ: ¿Qué oferta le sirve mejor a tu prospecto? De tus productos o servicios, ¿cuál sacudiría su mundo? ¿Qué gran promesa ofrece ese producto o servicio?

RECOMPENSA: ¿Cuál es el resultado final que deseas? ¿Quieres vender algo a tus prospectos? ¿Quieres que hagan una contribución, se vuelvan miembros, se inscriban a una clase? La recompensa es el resultado final de tu marketing. Cuando llegamos a la fase DIRECCIÓN en el paso dos, ésa es la acción inmediata que quieres que hagan para llegar a la recompensa. En algunos casos, la dirección y la recompensa son lo mismo, como *compra la camiseta*, y en otros casos usarás la dirección para acercarte a la recompensa, como *regístrate para recibir una notificación cuando se lance la camiseta*. Recuerda, la recompensa es el resultado final que quieres. La dirección es el siguiente paso para llegar allí.

PASO 1: OBJETIVO

QUIÉN
¿Quién es el prospecto ideal?

QUÉ
¿Qué oferta les ayuda más?

RECOMPENSA
¿Cuál es el resultado que quieres?

PASO 1: OBJETIVO: *Primera etapa de un Experimento Sé diferente donde se definen el prospecto, la oferta y el resultado deseado.*

Paso 2: INVERSIÓN

De nuevo, quizá ya hiciste este trabajo en el capítulo 3, en cuyo caso, tienes una ventaja inicial.

VVC DEL CLIENTE: ¿Cuál es el valor de vida del cliente? ¿Cuántos ingresos obtendrías durante tu relación con él?

TASA DE CIERRE PROBABLE: Si pones tu mayor esfuerzo, ¿cuáles son las posibilidades de conseguir a ese cliente? Ésta es una simple x de cada enunciado y.

INVERSIÓN POR PROSPECTO: Conociendo tus probabilidades, ¿cuánto estás dispuesto a invertir en cada intento de marketing por prospecto individual para que uno de ellos se convierta en cliente?

PASO 2: INVERSIÓN

VVC DEL CLIENTE: _____
El típico valor de vida (ingresos) de un cliente.

TASA DE CIERRE PROBABLE: ____ **DE CADA** ____
La tasa de cierre probable de prospectos, por ejemplo 1 de cada 5.

INVERSIÓN POR PROSPECTO: _____
La cantidad de dinero que estás dispuesto a arriesgar para conseguir un prospecto.

NOTAS:

PASO 2: INVERSIÓN. Segunda etapa de un Experimento Sé diferente, donde se determinan el valor de vida de un cliente y la inversión de marketing por prospecto.

Paso 3: EXPERIMENTO

A continuación, trabaja la Estrategia DAD de marketing. Basándote en todo lo que has aprendido, considera lo siguiente:

MEDIO: ¿Qué plataforma de marketing usarás? Si usas la misma que el resto de la industria, deberás Diferenciarte lo suficiente para que el medio común (el que se puede ignorar) sea irrelevante. Otra opción es usar un medio diferente del de tu competencia y, con esta diferenciación inherente, aumentar tus probabilidades de hacerte notar.

IDEA: Revisa la lluvia de ideas que se te ocurrió en el capítulo 4, ¿cuál idea de marketing planeas probar? Luego, pregúntate: "¿Pasa el DAD ?".

DIFERENCIARSE: ¿Tu idea no se puede ignorar?

ATRAER: ¿Es una oportunidad segura?

DIRECCIÓN: ¿Es una petición específica y razonable?

Palomea las casillas que correspondan. Si pones palomita en las tres, entonces prueba el experimento. Si no estás convencido de palomear las casillas, modifica tu idea hasta que lo estés. No tendrás pruebas de que el DAD funciona hasta que lo experimentes, pero primero debemos pasar la prueba de tu instinto.

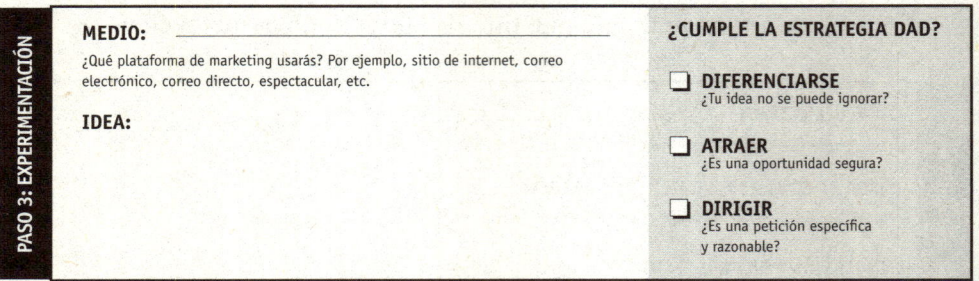

PASO 3: EXPERIMENTO. *Tercera etapa de un Experimento Sé diferente, donde se evalúa y propone un concepto de marketing diferente para cumplir la Estrategia* DAD *de marketing.*

Paso 4: MEDICIÓN

Si ya estás bastante seguro de que tu enfoque llamará la atención, atraerá al cliente ideal y lo hará realizar algo específico, entonces estás listo para probar tu teoría. La verdad no se dice con palabras, sino con acciones. Tus prospectos dirán la verdad a través de su comportamiento. Si leíste alguno de mis otros libros o me escuchaste en una charla, seguro sabrás que soy un examinador. Me encanta una buena prueba, porque ¿de qué sirve gastar tiempo y dinero en algo si no da resultados? No hagas grandes apuestas sobre lo que crees que hará el cliente, apuesta a lo grande sobre lo que *sabes* que hará el cliente. Las pruebas te llevan de la teoría a la realidad.*

---

* Probé mucho el diseño de portada de este libro. Entra a gogetdifferent.com y consigue los recursos gratuitos para ver el video que explica mis pruebas, los hallazgos sorprendentes y los resultados.

Sé que lo que voy a decir es un "¡Dahhh! Ya lo sé", pero saber y hacer son dos cosas distintas. Muchos saben esto, pero pocos lo hacen: debes planear y medir el retorno sobre la inversión. Para que tu marketing Sé diferente tenga sentido, necesitas generar un rendimiento positivo. Debe mover lo que quieres vender de forma directa o indirecta. Y necesitas asegurar que tu inversión acumulada en tiempo y dinero en marketing rinda más de lo que gasta. El marketing debe pagar más que por sí mismo; también debe contribuir a la salud permanente de tu empresa. Ya sabes, tu ganancia.

Tal vez tu marketing Sé diferente construirá una lista de prospectos con correo electrónico, teléfono u otra información de contacto, sin indicarles que compren todavía. Quizá ofrezcas un informe de la industria a cambio de que te proporcionen su nombre y correo electrónico. En este caso, les estás indicando que te den información de contacto. Entonces, la siguiente etapa puede ser vender tu oferta. Aún necesitas ejecutar un análisis ROI. Otras veces será una oferta directa, cuando compren tu producto en ese momento. En este caso, también debes calcular el ROI.

En la sección MEDICIÓN, ten en cuenta lo siguiente:

> Primero, tus INTENCIONES
>
> FECHA DE INICIO: ¿Cuándo empezarás tu experimento?
>
> NÚMERO PREVISTO DE PROSPECTOS: ¿A cuántos prospectos te dirigirás con este experimento?
>
> RETORNO PREVISTO: ¿Cuál es tu ROI esperado? Tal vez no son ingresos reales, sino un resultado (como el número de suscripciones) que respaldará los ingresos.
>
> INVERSIÓN PREVISTA: ¿Cuál es el costo de echar a andar tu experimento?

A continuación, empieza tu experimento ingresando los RESULTADOS:

> FECHA DE TÉRMINO: ¿Cuándo terminará tu experimento? Te sugiero determinar esto desde el principio, teniendo en cuenta que las cosas pueden cambiar. Quizá obtengas más o menos flujo de

prospectos de lo esperado. Es posible que debas recopilar más o menos datos. Por lo tanto, puede que te sirva ampliar la fecha de término. Date un poco de flexibilidad, pero no tanta como para que el experimento fracase.

NÚMERO REAL DE PROSPECTOS: ¿Cuántos prospectos participaron de verdad en tu marketing?

RETORNO REAL: ¿Cuál fue tu ROI? Al igual que el retorno previsto, no tiene que ser una ganancia si ésa no era la intención.

INVERSIÓN REAL: Completa esto cuando termines tu experimento. ¿Cuál fue el verdadero costo de ejecutarlo?

Con esas dos columnas completas, revisa el experimento.

OBSERVACIONES: Agrega cualquier nota que te ayude a ajustar y mejorar tu Experimento Sé diferente. Escribe si decides intentarlo de nuevo o implementarlo.

Y como paso final, decide cómo proceder:

VEREDICTO

Ahora que ya completaste el experimento, ¿cuál es tu veredicto? He aquí cuatro opciones a considerar:

Expandir y monitorear: Cuando tus resultados satisfacen sus intenciones, ten la confianza de que continuar con el proceso producirá resultados deseables. Amplía el número de prospectos y aumenta tu inversión. Recuerda medir a lo largo del camino. El hecho de que un experimento Sé diferente funcione ahora, no significa que funcionará el próximo año. Nunca lo configures y luego lo olvides. Cuando esté funcionando, *ordeña* todo lo que puedas.

Repetir la prueba: Cuando no tengas confianza en la precisión o coherencia de tus resultados, vuelve a echar a andar la prueba con una nueva muestra de prospectos.

Mejorar: Si te percatas de que unas partes de tu Experimento Sé diferente están funcionando, pero no todas (el resultado más común), entonces quizá necesites mejorar y probar algunos aspectos de tu marketing. Prueba modificando la idea para aumentar la eficacia del DAD.

Abandonar: Si te percatas de que tu idea es un desastre, es hora de dejarla. No será difícil descubrirlo. Ocurre cuando no ganas nada o el gasto no se justifica con el retorno. Mantén un registro de tu experiencia, pero no trates de aprovecharla o mejorarla. Esto va al basurero de los experimentos, aunque puedas sacarle una parte después, cuando lo necesites para una nueva idea.

Si fue un éxito, encierra en un círculo *expandir y monitorear* y mantenlo trabajando. Si funcionó, pero no obtuviste suficientes datos, encierra *repetir la prueba* y échala a andar con una nueva muestra. Si algunos aspectos funcionaron, pero no se cumplieron, encierra *mejorar*; luego, corrige los elementos necesarios de tu Experimento Sé diferente y vuelve a intentarlo. Por último, si tronó como ejote, encierra *abandonar* y sigue con tu próximo experimento.

PASO 4: MEDICIÓN		
INTENCIONES		**RESULTADOS**
FECHA DE INICIO: _____		FECHA DE TÉRMINO: _____
# DE PROSPECTOS PREVISTOS: _____		# REAL DE PROSPECTOS: _____
RETORNO PREVISTO: _____		RETORNO REAL: _____
INVERSIÓN PREVISTA: _____		INVERSIÓN REAL: _____
OBSERVACIONES:		

VEREDICTO {
EXPANDIR Y MONITOREAR	REPETIR LA PRUEBA	MEJORAR	ABANDONAR
Usarla como una estrategia continua	Probar con una nueva muestra	Corregir e intentar de nuevo	Empezar un experimento nuevo

PASO 4: MEDICIÓN. Cuarta y última etapa de un Experimento Sé diferente, donde se establecen las intenciones de marketing, se comparan con los resultados reales y se determina cómo proceder.

Si fue todo un fracaso, no te preocupes. Ya estás a años luz de la mayoría de tus competidores, si no es que de todos. Según un informe de la industria de IBISWorld, hay más de 50 mil empresas de servicios de computadoras en funcionamiento en la actualidad en Estados Unidos. Y desde la venta de Geek Squad el 24 de octubre de 2002, ninguno ha tenido un éxito similar. La razón es obvia. No lo intentan. Tu competencia tampoco lo hará. Están atascados con las *mejores prácticas* de la industria; con la tendencia del día; jugando lo más seguro posible; mimetizándose tanto como pueden. Pero seguramente no están tratando de crear un marketing diferente, que sea verdadero y auténtico para ellos. Y apuesto a que no buscan mejorar lo que tienen de manera constante. Pero tú sí. Por eso eres genial. ¡Pum!

¿Cómo saber cuándo parar?

¿Recuerdas la historia de Gabe? Se nos ocurrió la idea de enviar por correo postal un montón de libros a los prospectos con notas adhesivas señalando páginas útiles. Compartí esta idea con mi comunidad de asesores de *Un paso a la vez* y los alenté a que la probaran y agregaran un mensaje en la última nota que dijera: "Envíame un mensaje de texto rápido y te ayudaré con cualquier pregunta que tengas".

Poco después, recibí una llamada de (llamémoslo) Ted. "Seguí tu idea", me dijo. "Envié 40 libros. Recibí un *gracias* muchas veces, pero nadie me contrató. Así que supongo que no funciona."

En este caso, el problema no fue la idea. Ted detuvo la campaña antes de alcanzar significancia estadística. En el capítulo 3 lo aprendiste y, espero, escribiste tus 100 prospectos objetivo. Ted tenía 40.

Tampoco le dio tiempo suficiente al experimento. Esperaba una respuesta en una semana, pero sus prospectos necesitaban al menos varias para leer un libro y las notas adhesivas. Un mes después de su primera llamada, Ted me dijo que tenía dos nuevos clientes. Ahora ha vuelto a poner en marcha la campaña.

Nunca sabrás si tu Experimento Sé diferente funciona si lo abandonas antes de alcanzar determinada significancia estadística. Y necesitas darle suficiente tiempo para que haga su magia. No empieces y pares. No lo apresures. Sabrás que es hora de abandonar la idea cuando, después de probarla durante un tiempo razonable en tus 100 objetivos y ajustar los componentes atraer y dirigir, todavía no obtengas los resultados que esperabas lograr.

El anuncio de radio no se parecía en nada al que habíamos escrito. ¿Qué diablos pasó?

Si leíste *Un paso a la vez*, quizá recuerdas a Anthony Sicari, propietario de New York State Solar Farm, y la historia sobre cómo aprovecha de manera única la deuda para administrar el flujo de efectivo.* Cuando me reuní con él en nuestro grupo de *mastermind* Edison Collective,** mencionó que quería cambiar sus anuncios de radio, hacer algo diferente. Anthony gastó 70 mil dólares anuales en ese medio de marketing durante cinco años. Después de implementar *La ganancia es primero*, no pudo justificar el gasto. Quería probar el radio de nuevo, porque podía funcionar y generar un ROI sólido, pero por razones que no entendía, no funcionaba. Suena como una buena configuración para un experimento, ¿no te parece?

Cuando entrevisté a Anthony para este libro, me dijo: "Hice los anuncios de radio porque pensé que eso hacían los dueños de negocios, pero al final, no pudimos monitorearlo. No pudimos ver si estaba funcionando".

---

* Como actualización de esa historia, Anthony aprovechó la deuda de manera tan inteligente que eliminó toda la deuda de su empresa. En la actualidad, rara vez pide prestados fondos; sólo lo hace cuando puede convertirlos en una gran ganancia. La mayoría del tiempo, toma prestado de su reserva de efectivo para hacer una compra grande.

** Si te interesa ser parte de nuestro grupo de *mastermind*, entra a mikemichalowicz.com/masterminds.

Juntos creamos un concepto diferente y un plan de acción.

1) **Diferenciarse**: Nos saltamos las promociones envueltas en música cursi que nadie escucha y planeamos grabar un anuncio que sonara como Anthony dejando un mensaje de voz en el buzón de alguien. En ese anuncio, explicaría lo que de verdad le molesta de la desinformación en la industria solar y diría que se comprometía a solucionarlo.
2) **Atraer**: La grabación no sería la de un meteorólogo de la vieja escuela leyendo un guion con voz de "mejor ponte las botas para la lluvia hoy". Sería un Anthony natural y real. La apuesta era que los radioescuchas se sentirían más atraídos por la sinceridad que por las exageraciones.
3) **Dirigir**: En lugar de enviar a las personas a su sitio de internet existente, Anthony iba a configurar otra página sólo para este anuncio y dirigiría a los oyentes para que lo visitaran.*
Ese sitio de internet específico sería la clave para monitorear la efectividad del anuncio.

Al principio, Anthony parecía emocionado, pero no me escribió en dos semanas. Entonces le mandé un mensaje diciendo que me encantaría saber cómo había resultado su anuncio de radio y pidiéndole que me lo mandara. Lo hizo. Suspiré.

Era el comercial de siempre con la misma música cursi. De ninguna manera ganaría el parpadeo con ese anuncio. Lo admito, me sentí derrotado por un tiempo. Puedo emocionar y animar a los clientes, colegas y audiencias para que prueben algo diferente con su marketing, pero la mayoría no lo hace. Seré honesto, eso me parte el corazón porque estoy seguro de que marcaría la diferencia para ellos. Quiero que se *arriesguen*.

---

*Puedes ver el plan completo de Anthony, los guiones de radio y las capturas de pantalla de su sitio de internet en gogetdifferent.com.

Anthony podía hacerlo. Estaba seguro. Sólo tenía que intentarlo de nuevo, para que él lo intentara de nuevo.

—Compaaa, ¿qué pasó? Eso no fue lo que se nos ocurrió —le dije—. Necesitas algo que demuestre que eres tú, Anthony, el amigo y vecino que sólo está tratando de ayudar.

—Lo sé —suspiró—. Estaba súper emocionado después de dejar la sesión de ideas. Pensé: "Definitivamente quiero implementar esto". Escribí el guion basándome en lo que hablamos, pero cuando traté de grabarlo, no pude. No sonaba natural. Entonces, después de muchos intentos, me di por vencido. No salió.

—Escucha, vamos a hacer otro. ¿Te parece bien grabarlo como dijimos la primera vez?

Estaba de vuelta a bordo.

Con algunos pequeños retoques en el guion para que sonara más parecido a la forma en que hablaría en la vida real, Anthony se encerró en un armario, se puso el teléfono celular en una oreja, un micrófono en la boca y grabó un mensaje de voz... como 100 veces. El tono era tan diferente de todos los demás anuncios que había grabado que se salía de su zona de confort, pero luchó por hacerlo bien.

¿No es fascinante que Anthony necesitara más de 100 repeticiones para sonar menos como un anuncio y más como él? Resalta eso, para que no te olvides del esfuerzo requerido para desprogramar ese cursi presentador del clima que usa botas para la lluvia y se esconde dentro de ti. Eso les pasa a los dueños de negocios a lo largo del tiempo. Aprendemos a sonar, a vernos y a comportarnos como otros propietarios de negocios... y luego es difícil ser sólo nosotros.

Cuando Anthony envió el anuncio a la estación de radio, lo animaron a hacer algunos cambios. "Me llamaron y dijeron: 'Podemos solucionar esto gratis'. Querían que sonara como un anuncio normal. Respondí: '¡No! Justo eso estamos haciendo, echando a andar una prueba. Así está genial'."

La estación de radio también intentó que Anthony cambiara el sitio de internet que había instalado para la prueba. Se preguntaron por qué planeaba dirigir el tráfico a un sitio que sólo tenía un video y un número de celular, y no a un formulario de generación de clientes potenciales. Su idea de marketing estaba tan fuera de la norma que se ofrecieron a *arreglarla* de forma gratuita. Así de incómodos se sentían con la diferencia.

Incluso después de que Anthony les dijo que no cambiaran su anuncio, agregaron un sonido de timbre de mensaje de voz e hicieron otros cambios para que sonara más *pulido* —justo lo contrario a la idea de marketing diferente que se nos había ocurrido—. Anthony rechazó esta versión nueva y mejorada.

—Me dijeron: "Entonces, no quieres música de fondo ni efectos de sonido".

—¿Y qué les respondiste?

—"No, ya no le muevan nada".

El anuncio se publicó un lunes, pero el lanzamiento completo se planeó hasta el viernes, por lo que sólo se reprodujo pocas veces. Aun así, Anthony recibió una respuesta de inmediato. En un día, tenía dos clientes potenciales nuevos. Luego empezaron a llegar más. Entonces me envió un mensaje de texto: "¡Está funcionando!" (con un GIF apropiado).

—Estaba muy sorprendido —dijo Anthony.

Yo no tanto. Sé que el método Sé diferente funciona. Sólo tienes que experimentar.

—¿Esto cómo cambia tu marketing en el futuro? —le pregunté.

—Siempre me he sentido confiado en el aspecto comercial del negocio, pero nunca me había esforzado tanto por pensar en ello. Preguntar "¿Esto es diferente?" y "¿Atraerá a mi cliente ideal?" y "¿Cómo lograr que la gente haga esta acción específica?". Y aprendí que el marketing debe ser diferente, pero también tiene que ser fiel a mí. No quiero fingir nada. Quiero que refleje mi personalidad.

Ahora Anthony analiza todos los aspectos de su marketing, desde redes sociales hasta participación de la comunidad. Hace esas preguntas clave, la esencia de la Estrategia DAD de marketing.

Si todavía no lo descubres, tu mayor desafío no es que se te ocurran ideas, sino que las ejecutes. El autor y gurú del marketing Seth Godin llama a este estado mental el *abismo*, el cual sucede después de que se te ocurre una idea y te emocionas por probarla. Sientes un abismo en el entusiasmo y empiezas a dudar de ti. Mi intención es que los Experimentos Sé diferente te ayuden a salir de la depresión con bastante rapidez porque no son grandes iniciativas de marketing (que necesitan meses de planeación antes de su ejecución). Cuando experimentas, lo intentas rápido y también fallas o encuentras algo con potencial, rápido. Experimenta rápido pero no apresures los resultados. Como el experimento de Ted, la naturaleza del marketing hace que el prospecto tarde más en cumplir con la indicación. Es hora de empezar tu próximo Experimento Sé diferente. Y, si descubres que todavía necesitas un empujón, he aquí algunos consejos que te ayudarán a seguir adelante:

- **Haz tu experimento con otros**. Como tememos el rechazo de nuestra industria, crear un grupo nuevo de realizadores diferentes combatirá eso y les ayudará con la responsabilidad. Kasey Compton, de Mindsight PLLC, tiene un grupo de ocho profesionales de la salud mental que se apoyan para probar cosas nuevas. La mayoría quiere aumentar su flujo de clientes potenciales. Han ejecutado algunas ideas de marketing diferente. Cymbria lanzó la campaña "MALDITO COVID". Heather hace sesiones de salud mental con su perro en TikTok. Kasey intentó el graffiti inverso. Y ya conoces una historia de éxito de ese grupo: el experimento del video de *90 Day Fiancé* de Ernestina Pérez, que compartí en el capítulo 4.
- **Actúa rápido**. Cuanto más tiempo pienses en tu idea, menos probabilidades tendrás de hacerla. Prefiero que tengas un experimento fallido y a medias, que uno potencialmente exitoso que nunca sucede. No estoy diciendo que tomes atajos en tu Experimento Sé diferente porque eso aumentará el riesgo de fallar y dañará tu confianza. Sólo digo que una

idea a medias sigue siendo una idea. Si esperas hasta que se presente la idea perfecta... estaremos experimentando el mayor costo de todos: la pérdida de tiempo. *Hacer* siempre supera la *perfección*.

- **Empieza con el elemento más pequeño y fácil de tu idea diferente y construye a partir de ahí.** Recuerda el consejo de Justin Wise sobre dividir cada paso para dar el paso uno hoy.
- **Voltea el miedo.** En vez de quedar atrapado en situaciones negativas, preocupándote por lo que pasará si lo intentas, pregúntate: "¿Cuál es el costo de no hacerlo?".
- Y, si quieres asegurarte de que sigues Sé diferente de forma adecuada, consulta nuestros servicios en differentcompany.co.

Al hablar con un grupo de jóvenes emprendedores en la Startup School de Y Combinator en Palo Alto, Mark Zuckerberg, fundador de Facebook, dijo: "En un mundo que cambia demasiado rápido, la única estrategia garantizada para fallar es no arriesgarse". El marketing consiste en fallar de modo muy veloz y en pequeño para encontrar rápidamente lo que funciona. Espera 10 fracasos por cada éxito en marketing súper dirigido. Espera 100 o mil fracasos por cada éxito en marketing de alto volumen y bajo costo. Dispara, un espectacular puede tener 500 mil fallos por un solo acierto y, aun así, vale la pena. No sabrás cuál será ese éxito hasta que los pruebes. Así que ocúpate y hazlo; no tiene que ser perfecto. Descubrirás bastante rápido si tu enfoque diferente ganador funcionó porque lo seguirás hasta que lo termines, amigo mío. Creo en ti.

Tu turno

Hazlo. Y por el bien de todo lo sagrado, no esperes hasta que las condiciones sean perfectas. No existe la perfección. Antes de que termine el día, planea tu primer Experimento Sé diferente, haz el primer paso de tu lista y mantenlo en movimiento. Si tienes un equipo o un asistente, dales la lista y pídeles que la implementen.

Y si dices que es demasiado tarde, me estás mintiendo (y a ti) porque estás leyendo esto. ¡Haz el siguiente paso ahora!

Si sigues atascado o sigues leyendo sin hacer el trabajo, te daré cuatro ideas. Debes hacer una. Cualquiera toma menos de cinco minutos. Quizá todas son diferentes de lo que sueles hacer. Todas desarrollarán tu músculo de Realizador Diferente. ¿Estás listo?

1) Busca una hoja de papel blanca tamaño carta. Con un marcador, escribe una carta a uno de los 100 prospectos objetivo que diga: "Sé que no me conoces, pero estaba pensando en ti. Estoy muy impresionado por lo que has logrado con tu negocio. Deseo que sigas teniendo éxito". Al final, escribe tu nombre y tu celular. Pon atención en que los cumplidos de verdad sean sobre él. Si no es dueño de una empresa, no escribas "lo que has logrado con tu negocio". Incluye algo relevante para él y auténtico para ti.

2) Grábate diciendo lo mismo que en el punto 1. Usa tu teléfono inteligente o algún programa en internet. Envía el video a tu prospecto por correo electrónico con un asunto que diga: "Te hice un video personal (lo juro)".

3) Ya que identificaste a uno de tus 100 prospectos objetivo, encuentra algo que le guste de forma personal. Muchas veces, una biografía en línea o una página de redes sociales tiene todo lo que necesitas. Luego, consigue un obsequio vinculado a sus gustos y envíalo por correo postal con una nota que diga: "Vi que eres fanático de [campo de interés]. Sé que es inesperado, pero no podía dejar de enviarte esto. ¡Disfrútalo!". Al final de la nota pon tu nombre y número de celular. Si me buscaras, descubrirías que me gusta el futbol americano de Virginia Tech, las bandas de glam metal de los ochenta y pasear con mi perro. Así que una nota con "Vi que eres fanático de las caminatas con tu perro" y un regalo de collar de perro de Virginia Tech (o Def Leppard) llamaría mi atención.

4) Toma el teléfono y llama. Sólo deja este mensaje en el buzón de voz: "Hola, soy [tu nombre]. Admiro tu negocio y lo que haces. La verdad, serías un cliente de ensueño para mí. Quiero comunicarme contigo y quiero que sepas que, si estás dispuesto a probar, haré todo lo posible para brindarte un nivel de [experiencia/servicio/producto] que nunca has tenido. Mi empresa es [nombre de tu empresa]. Mi celular es [número de celular]. Por favor llámame o envíame un mensaje de texto para que podamos charlar. Muchas gracias". Si estás tan aterrorizado por este marketing diferente, sólo recuerda que 99.9% de las veces será un mensaje de voz. El otro 0.1% de las veces ganarás el premio mayor.

Ahí tienes. Ahora puedes hacer tu Experimento Sé diferente o elegir una de las cuatro ideas que te acabo de compartir. No importa qué decidas, hazlo ahora mismo.

Asegúrate de descargar el formulario del Experimento Sé diferente en gogetdifferent.com. Los rebeldes pueden usar una hoja de papel en blanco. Sigue los pasos descritos con anterioridad. Enjuaga y repite.

Mi turno

No estoy seguro de si estás tan mareado como yo en este momento. Manos a la obra. He aquí lo que documenté con mi librero de árbol. ¿Puedes adivinar mi veredicto?

	INTENCIONES	RESULTADOS
PASO 4: MEDICIÓN	FECHA DE INICIO: _____ # DE PROSPECTOS PREVISTOS: _____ RETORNO PREVISTO: _____ INVERSIÓN PREVISTA: _____	FECHA DE TÉRMINO: _____ # REAL DE PROSPECTOS: _____ RETORNO REAL: _____ INVERSIÓN REAL: _____
	OBSERVACIONES:	
	VEREDICTO { **EXPANDIR Y MONITOREAR** Usarla como una estrategia continua | **REPETIR LA PRUEBA** Probar con una nueva muestra | **MEJORAR** Corregir e intentar de nuevo | **ABANDONAR** Empezar un experimento nuevo	

PASO 4: MEDICIÓN. Cuarta y última etapa de un Experimento Sé diferente, donde se establecen las intenciones de marketing, se comparan con los resultados reales y se determina cómo proceder.

INTENCIONES

<u>Fecha de inicio:</u> 29 de marzo de 2020

<u>Número de prospectos previstos:</u> dos mil (250 por semana)

<u>Retorno previsto:</u> 400 ventas de libros nuevos.

<u>Inversión prevista:</u> Una sola vez: $1 750 dólares para el librero de árbol y los soportes.

<u>Nota en el reverso de la hoja:</u> Originalmente estimé $1 200 para el librero de árbol. El mejor tamaño para el espacio cuesta $1 725 dólares y los soportes alrededor de $25.

RESULTADOS

<u>Fecha de término:</u> 24 de mayo de 2020

<u>Número real de prospectos:</u> 4,000 (500 por semana)

<u>Retorno real:</u> 516 libros registrados (¿más?)

<u>Inversión real:</u> una vez $2 200 (también necesité luces)

Observaciones:

Las presentaciones actuales en video se dispararon debido a la pandemia de covid-19. La conversión fue menor de lo esperado, pero aumentó a medida que refinaba la petición. Cambié la solicitud para que fuera "Compra el libro" y "Me estás apoyando". Hice capturas de los chats de video para ver qué decía la gente. Mencioné el árbol durante la presentación para reiterar lo que ya veían.

Veredicto: MEJORAR, corregir e intentar de nuevo. Sólo ajustar la petición porque necesita tener una justificación personal, no sólo que beneficiará al prospecto.

¿Adivinaste el veredicto? Es raro que lo hagas bien la primera vez. De hecho, este experimento salió mucho mejor que la mayoría para mí; tuve más éxito inicial de lo habitual. ¡Yuhuuu! Y con pequeños ajustes conseguí que 23% de la audiencia que asistía en vivo comprara mis libros en el momento (con el permiso del anfitrión) debido al árbol. Ahora es una práctica de marketing estándar para mí, hasta que otros la dupliquen y se diluya. Pero está bien, ya tengo otras pruebas que estoy realizando y creo que tengo algo que moverá muchos más libros.

Capítulo ocho
Cómo saber si funciona

"Confía en las carteras, no en las palabras."

Conforme crecía Olmec Systems, tuve un montón de *grandes ideas* que nadie quería. La gente me decía que le gustaba mi nueva oferta. Mis amigos más cercanos decían que les encantaba mi nuevo enfoque. Cuando le preguntaba a la gente sobre un nuevo producto en desarrollo, decían: "Lo compraría en un santiamén". Pero cuando llegaba el momento de hacerlo nadie compraba y mi frustración estaba por las nubes. Tuve una gran idea. ¡Dijeron que lo querían, después de todo! ¿Qué diablos hice mal?

Le pregunté a Frank Minutolo, mi mentor empresarial, qué debería hacer. Entonces compartió las palabras de sabiduría que llevo conmigo desde entonces: "Confía en las carteras, no en las palabras". Todavía busco orientación y retroalimentación; todavía escucho a la gente. Pero ahora sé que soy demasiado sesgado con mis ideas... como la mayoría de la gente.

Cuando alguien te dice lo que cree que quieres escuchar, no lo hace para molestarte, más bien piensa que te está animando. Pero no te engañes. "Lo compraría en un santiamén" no significa que esa persona de verdad comprará tu producto. En realidad, significa: "Quiero gustarte". Pero más que eso, la gente quiere evitar los conflictos. No quieren discutir contigo ni herir tus sentimientos. Por lo tanto, los prospectos, amigos, clientes, incluso colegas terminarán diciéndote que algo es una "buena idea" cuando en realidad no lo es. Y dicen "lo compraría", incluso cuando no lo harían en absoluto.

Por eso realizo pruebas con mis ideas para juzgar el interés por el interés real, la demanda por la demanda real, para determinar si la gente estaría dispuesta a pagar por algo pagando realmente por algo. Cuando está claro que la idea de un nuevo producto no es viable, o un nuevo enfoque de marketing no funciona, lo dejo por la paz y me ahorro un montón de angustias y recursos desperdiciados.

¿Siempre recuerdo seguir los consejos de Frank? Por supuesto que no. A veces, el entusiasmo desenfrenado por mi *brillante* idea prevalece sobre la razón y, olvidándome de confiar en las carteras, me trago las palabras por completo. En lo que respecta a los lenguajes de amor,* soy un tipo de *palabras de afirmación* de principio a fin, entonces si alguien dice un comentario favorable sobre una de mis locas ideas, tiendo mucho a aceptarlo todo. Desarrollo, hago y gasto, sabiendo que lo próximo será genial. Pero en realidad... *no* lo sé. Las palabras son baratas. Sólo cuando logro que la gente se separe de su dinero sé si de verdad tengo algo deseable.

Escuchas lo que quieres (y lo crees) porque tus amigos te lo dicen. Cuando confías en las palabras por encima de las carteras, gastas recursos en una idea, producto o servicio que muy pocas personas desean de verdad. Para evitarlo, mide las acciones reales.

En este capítulo, aprenderás cómo monitorear tu experimento de marketing para ver si puedes implementarlo de inmediato, si necesitas mejorarlo o si debes deshacerte de él por completo porque fue un fracaso épico.

¿Los extraños aman lo que ofreces?

Siento la necesidad de hablar más sobre la estrategia de *carteras sobre palabras*: los amigos que compran tus cosas no cuentan. Quieren apoyarte y verte triunfar. Más que eso, desean seguir siendo tus

---

* Si no estás familiarizado con el libro *Los 5 lenguajes del amor,* de Gary Chapman, te invito a que lo leas. Te ayudará con todas las formas de comunicación, ¡incluso con tus seres queridos, colegas y prospectos!

amigos y esto significa que no harán nada para herir tus sentimientos. Entonces abren sus carteras complacientes mientras dicen lo que quieres escuchar y hacen la inversión necesaria para mantener la armonía y la amistad, no porque quieran la mierda que estás vendiendo.

Mi amigo Jayden es conocido por sus albóndigas caseras del tamaño de hamburguesas. Las trae a cada comida compartida, las sirve en todas las fiestas que organiza. Un día, nos dijo: "Oigan, estoy pensando en vender las albóndigas Big Boy de Jayden. Todo el mundo las ama cuando las cocino en casa, así que las voy a hacer para los supermercados". Obvio, todos dijeron: "¡Es una gran idea!". Y fluyeron los elogios engañosos y peligrosos de "si tuviera un supermercado, en definitiva, compraría tus albóndigas". Creer ese coro de aprobación, respaldado por el sonido de hipotéticos "si fuera...", fue el primer error de Jayden.

Animado por la confirmación de sus amigos, alquiló una cocina industrial, compró suministros e ingredientes. Cinco mil dólares después, tenía 200 albóndigas que no sabían del todo bien. Resulta que cocinar algunas albóndigas en casa no equivale a cocinar grandes volúmenes en una cocina industrial. Entonces Jayden cambió la receta. Invirtió dinero en mejorar el proceso y, cuando por fin estuvo satisfecho de haber hecho una buena albóndiga lista para el supermercado, regresó a nuestro grupo para una prueba de sabor. Cuando preguntó si nos gustaban, todos intervinieron con comentarios positivos. "Saben como en casa", "¡Me encantan!" y "¡Bien por ti, Jayden!".

Entonces Jayden preguntó a sus amigos si comprarían las albóndigas. Una vez más, recibió sólo comentarios positivos. "¡Por supuesto!", "¡Claro que sí!" y "¡Sin duda!".

Conforme cambiaban las cantidades, la receta también. Jayden gastó otros cinco mil dólares en más pruebas y en prototipos de envases. Luego volvió a nuestro grupo. Esta vez, nos pidió que compráramos las albóndigas. Todos gastaron 600 dólares en un par de paquetes. Jayden estaba emocionado. Había ganado más dinero en ventas en 30 minutos de lo que ganaba en un día en su trabajo. Todo era perfecto.

A sus amigos les encantaban sus albóndigas. Todos sus amigos las compraron. Era obvio que su negocio de albóndigas sería un gran éxito. Entra voz grave de narrador de película: "Estaba equivocado. Completamente equivocado".

Eres el dueño inteligente de un negocio; puedes adivinar lo que viene, ¿verdad?

Jayden renunció a su trabajo y consiguió un contrato de arrendamiento mensual en una cocina industrial. Invirtió en el equipo que necesitaba: botes grandes, mezcladoras enormes. Alquiló dos refrigeradores gigantes e instaló una hilera de estufas. Pasó las inspecciones, ajustó el empaque al vacío y trabajó día y noche para llevar sus albóndigas al mercado. Dos meses y casi 75 mil dólares después, estaba listo para lanzarlas. Salió el primer lote de albóndigas: 2 200 albóndigas de gran tamaño, empaquetadas en cajas de 12. Se aventuró a ir a los supermercados y restaurantes en busca de compradores, pero (otra vez la voz del narrador de películas) nadie las quería. Tenía reunión tras reunión, pero incluso después de que la gente probaba las albóndigas, siempre se negaba.

Desesperado, regresó con nosotros, sus amigos, y dijo: "Hice paquetes adicionales. ¿Quién quiere comprar?". Esta vez, escuchó distintos comentarios. "Todavía me queda un poco", "Lo siento, hombre, pero estoy hecho una albóndiga en este momento" y "Prefiero esperar hasta las vacaciones".

Sin inmutarse, Jayden presionó más fuerte. Fue tras más tiendas, más restaurantes. Aun así, nadie quería sus albóndigas. Consiguió que nuestro supermercado local aceptara algunos paquetes en consignación, pero sólo vendieron tres unidades en cuatro semanas.

Noventa días después de haber preguntado por primera vez a sus amigos si les gustaba la idea de su negocio de albóndigas (y sin los ahorros de toda su vida), Jayden tuvo que aceptar que había terminado. Su sueño de ser dueño de un negocio había fracasado, pues apostó por los comentarios de sus amigos. Su *prueba* no fue una prueba en absoluto.

Por cierto, fui uno de los pocos disidentes. Quiero decir, ¿quién compra un paquete de 12 albóndigas para hamburguesas? Cuando cocino para mi familia de cinco, es posible que necesitemos ocho albóndigas si planeamos que nos sobren. ¿Pero 12? ¿Quién en este planeta quiere gastar más de 30 dólares en un paquete enorme de albóndigas, sin importar lo bien que sepan?

Jayden no pasó la etapa de dirigir (la D en DAD). Pidió mucho, demasiado pronto. Vender dos albóndigas Big Boy, tal vez tres, ¿pero 12? No. De hecho, hice una búsqueda rápida en internet para preguntar: "¿Cuánto cuesta un paquete de 12 albóndigas?" y San Google respondió: "¡¿Qué?! ¿Quién compra eso?". Entonces todo el internet colapsó.

Por favor, no confíes en los comentarios agradables de la gente que te ama. Cuando te compre, considéralo una donación, no una prueba de que realmente le gusta tu producto. Si las personas que conoces dicen que tu marketing es genial, no pueden ver más allá de su sesgo de amarte, no querer ofenderte o ambas cosas. La verdad viene de extraños, siempre. Si encuentras individuos que no te conocen y no les importa cómo te sientes cuando realizan la acción que deseas, entonces y sólo entonces sabrás que tienes algo. Consigue que los extraños compren. Eso es una prueba.

Confirma que tu idea de marketing funciona pidiéndoles dinero a tus prospectos objetivo (es decir, extraños). Consigue un depósito o el monto total. Si las personas no están dispuestas a depositar dinero, sabrás por sus acciones que no ven valor en tu oferta. Claro, siempre es bueno recibir comentarios sobre tus ideas de gente en la que confías, pero sólo si está dispuesta a compartir verdades duras en lugar de mentiras cómodas. Porque si las personas en las que confías comparten mentiras cómodas, ¿adivina qué? No podrás confiar en ellas.

Incluso si tu marketing consiste en hacer que las personas sigan los pasos hacia la venta final, pruébalas mediante un *intercambio de divisas*. Si estás dando un PDF gratis, no lo envíes por voluntad propia. Pide a los extraños que te den algo a cambio: un correo electrónico, un número de teléfono, un dólar. Obtienes la verdad a través de intercambios de divisas con extraños. Cuando les preguntas a tus amigos, hay un nivel diferente de consideración y confusión: el vínculo de su amistad, la gracia social y, con demasiada frecuencia, que te digan lo que quieres escuchar en vez de lo que necesitas escuchar.

Prueba ahora

El lunes 13 de enero, Austin Karp presentó una idea de marketing. El martes 14 de enero, la idea de Austin estaba en marcha.

En su primer día como pasante de Savannah Bananas, Austin levantó la mano en la reunión semanal de lluvia de ideas y dijo: "¿Y si, cuando llamemos a los clientes para agradecerles por comprar un boleto, les agradecemos con un rap?".

Desde que comenzaron la franquicia, los Savannah Bananas han llamado a sus clientes para agradecerles la compra de boletos. Sí, llaman a todas las personas. Eso es Sé diferente aplicado al servicio al cliente.

Jesse, quien todavía hace muchas de las llamadas, dijo: "Interesante idea. Se acepta".

No dijo: "Vamos a discutirla".

No dijo: "Sí, pero…".

No dijo: "Ok, ¿quién quiere hacerlo?" Seguido de un silencio sepulcral.

Jesse hizo una rápida prueba DAD en su cabeza.

¿Una llamada telefónica o un mensaje de voz, rapeado? Pasa la prueba de diferenciarse. ¿Pensaría la gente que es la nueva estafa de príncipes nigerianos? Probablemente no.

Recibir un mensaje que dijera "Somos el Savannah Bananas, gracias por conseguir boletos. Tenemos un pequeño rap para ti…" era atractivo, divertido y bastante extraño como para mantener la curiosidad fluyendo. Seguro pasa la prueba de atraer.

El objetivo era entusiasmar a la gente para ir a un juego. Es poco probable que un rap de agradecimiento haga que la gente se arrepienta de su compra; más bien, es probable que la gente se entusiasme por la diversión que experimentará en el estadio. Acción probable del cliente: asistir al juego. Pasa la prueba de dirigir.

Jesse sabe que el secreto del marketing Sé diferente es preguntar cada vez "¿Pasa el DAD?" (y hacerlo rápido para averiguar si vale la pena o no invertir tu tiempo). No te empantanes. Haz las pruebas rápido. Los datos apuntarán a la efectividad. El DAD es nuevo para ti, por eso al principio lleva unos minutos revisarlo y tomar la decisión de hacerlo o no. Jesse lo reduce a segundos y, con la práctica, tú también lo harás. Por lo tanto, la decisión de proceder con una prueba de agradecimiento rapeada ocurrió dentro de los 10 segundos posteriores a la aparición de la idea.

—Pero… yo no canto —respondió Austin—. Y me siento raro rapeando. De verdad incómodo.

—Aún mejor —dijo Jesse sonriendo—, ahora eres "Austin, el rapero raro".

En las reuniones de lluvia de ideas de los Savannah Bananas, el objetivo es ejecutar las ideas en 20 horas. Veinte horas, amigo. Desde el concepto hasta la implementación activa, en una noche de sueño (o cinco Red Bulls). Jesse sabe que la acción triunfa sobre la contemplación y para muestra un botón: ventas de boletos y productos. Quiere que las ideas se ejecuten al día siguiente para averiguar a través de los clientes reales si funcionan. Así que recopila los datos y, si la prueba sale bien, lo hace en grande. Si fracasa, no pasa nada. Entonces sabe que encontró algo que no funciona y trabaja en otras ideas, otras pruebas.

"El problema con la generación tradicional de ideas y la lluvia de ideas creativa", explica Jesse, "es que mueren allí. Nadie está asignado para liderarlas. Nadie actúa. Sólo se guardan en el armario con las innumerables otras *grandes* ideas olvidadas hace tiempo. Una idea sólo es genial cuando se ejecuta."

Según Jesse, los Savannah Bananas tienen una regla: "La persona que crea la idea es dueña de ella. A menos que alguien más argumente por qué debería ser de todos, la idea se queda con el creador para su lanzamiento inicial". Pero, aunque una persona lidere el esfuerzo de su proyecto, no sólo depende de ella; todo el equipo se involucra. El objetivo de Jesse es que todos contribuyan y desarrollen su músculo Sé diferente.

Austin hizo su primera llamada de agradecimiento a la mañana siguiente de que se le ocurrió la idea. Algunos escucharon y se rieron, otros le pusieron el mensaje de voz de rap a sus amigos, incluso un fanático envió un rap. El punto es que consiguió captar la atención. Nada enorme. Pero ¿qué fanático de Savannah Bananas que se respete, los grandes amantes de todas las tonterías, no querría escuchar a un extraño interno rapeando raro?

Jesse me dijo que ahora tienen a todo el personal de venta de boletos componiendo raps de agradecimiento para la próxima temporada. El marketing diferente de Austin pasó el formulario del Experimento Sé diferente. Ahora tiene el sello de *expandir y monitorear*. En otras palabras, el rap raro es parte del plan de marketing de los Bananas. Como siempre han llamado a todos los que compran un boleto, el costo estimado es de menos de 10 segundos de tiempo adicional en cada llamada telefónica. El retorno —difícil de medir en ventas o compras en puestos de concesión— se basa en las publicaciones en medios sociales sobre el rap. Ha inspirado a más fanáticos a hablar con sus amigos sobre los Bananas. Y, aun con la situación de covid-19, sus boletos se agotan cada temporada.

Quizá has oído el dicho *el que duda pierde*. Vamos a modernizarlo: *nosotros* que dudamos estamos perdidos. Porque lo estamos. Perdidos en un vasto mar de igualdad. Perdidos en el purgatorio donde las buenas ideas y las buenas intenciones van a morir. Perdidos en la pobreza empresarial. Así que no dudes en actuar y lanzar tu próximo Experimento Sé diferente. Desafíate (o a tu equipo) para trabajar en 20 horas. O, si necesitas un poco más de tiempo para reunir recursos, hacer algo o lo que sea, tómate una semana. Pero no más. Prueba ahora. Prueba rápido.

Investigué para este libro durante 10 años y la información es clara. Jeff Walker, Jesse Cole, Ernestina Pérez, Anthony Sicari, Kasey Anton, Gabriel Piña y cada persona que demostró ser un genio del marketing siempre hacen una cosa: prueban su idea rápido para obtener la confirmación de que funcionó, rápido. Saben que el riesgo está en *no* hacer, en formular hipótesis y confiar en consejos y opiniones sobre los resultados reales. No pierden el tiempo. Establecen una prueba y la terminan. Tú también debes hacerlo.

El método OMEM para el marketing

Este método para monitorear el éxito del Experimento Sé diferente suena oscuro (bueno, suena *siniestro*), pero en realidad es un acrónimo. Introduje por primera vez el método OMEM en mi libro *Un paso a la vez*, que te ayuda a determinar qué cambio vital mejorará tu negocio. OMEM se divide así:

> **Objetivo.** ¿Cuál es el resultado esperado? Por ejemplo, ¿quieres clientes más calificados? ¿Quieres nuevos suscriptores para tu lista de correo electrónico o canal de redes sociales? ¿Quieres que la gente promueva tu oferta por ti? Recuerda que la recompensa de tu marketing es el resultado final que buscas. Pero a veces, ésta implica varios pasos y tú quieres dirigir a tus prospectos a que hagan una acción específica, no una secuencia de acciones. El objetivo de tu experimento es el primer paso que te lleva a la recompensa.
>
> **Medición.** ¿Qué define un resultado exitoso? Por ejemplo, ¿necesitas 10 clientes nuevos cada semana que gasten, al menos, 500 dólares por transacción? ¿Quieres 50 nuevos suscriptores? ¿Quieres que mil personas promuevan lo que ofreces?
>
> **Evaluación.** ¿Con qué frecuencia medirás el progreso? La mayoría de los propietarios de negocios son excelentes para establecer el objetivo

y las medidas en torno a él, pero *lo configuran y lo olvidan*. Identifican un objetivo, luego continúan con su día a día y meses después se dan cuenta de que ya no lo monitorean. "Ah, sí, ¿qué habrá pasado con ese proyecto?". Es como decir que tu objetivo es perder cinco kilos este año, luego llega el Año Nuevo y descubres que en realidad ganaste dos kilos y medio. Programa en tu calendario las comprobaciones del progreso. Agéndalas para monitorearlo.

Modificación. ¿Cómo reevaluarás tu configuración? Al comprobar tu progreso, ¿qué modificarías para mejorar los resultados? ¿Estableciste objetivos y medidas correctos? Conforme pasa el tiempo y evalúas tu progreso, ¿ves elementos que necesitan ser cambiados, ajustados, amplificados o abandonados? Realiza esos cambios y continúa.

Robin Robins es una de las especialistas en marketing más impresionantes que conozco. Incluso su nombre es una genialidad de marketing. Es fácil de recordar e invoca la curiosidad. Bien jugado, Robin. Bien jugado.

Para Robin, el cambio en su marketing fue tan simple como agregar una de esas placas de identificación de negocios que se ven en los escritorios de las personas… pero en un escritorio virtual. Creó un programa de marketing llamado Shock & Awe. Al desarrollar el proceso, hizo un experimento con una página de internet personalizada para cada prospecto. Primero recibían un correo postal invitándolos a visitar una página de internet creada especialmente para ellos. Cuando entraban al sitio, éste tenía un escritorio virtual completo con teléfono, tableta, tarjetas, todo lo estándar que verías en el escritorio de la oficina real de alguien.

Los resultados fueron *meh*. La gente visitó la página, pero ésta no convirtió las consultas de los prospectos que Robin había elegido. Pero la especialista es conocida como The Relentless Redhead por su cabello rojo y porque nunca se rinde. Hizo que el diseñador web agregara una placa con el nombre del prospecto en la pantalla en letras grandes y negritas, justo en la parte superior. Fue lo último en personalización. Así es como modificas tu marketing Sé diferente y así es como Robin mejoró las conversiones de la página de internet en más de 200 por ciento.

Recuerda, el hecho de que implementes tu Experimento Sé diferente no significa que está listo. Escucha las acciones de las personas, compáralas con tu objetivo y medidas, y modifica en consecuencia.

En *Un paso a la vez* explico que, así como los seres humanos tienen una jerarquía de necesidades, también las empresas. Antes de pensar en sentirnos realizados, primero debemos asegurarnos de que podemos respirar; que no nos estamos muriendo de hambre; que estamos a salvo. Para las empresas, ese primer nivel básico son las ventas. Sin ingresos, no tenemos nada. Y las ventas empiezan con marketing. En otras palabras, el marketing importa. Mucho. Por favor (mucho por favor), configura tus métricas para enfocarte en el marketing que impulsa las ventas.

Bushra Azhar, estratega de persuasión y una de las especialistas en marketing más auténticas y diferentes que conozco, dijo: "Tu negocio se basa en las ventas. No en 'me gusta'. No en fanáticos. No en seguidores. No en direcciones de correo electrónico. En nada de eso, sólo en ventas. Por lo tanto, haz marketing todos los días. Publicita con orgullo. Promociona con integridad. Vende con entusiasmo. Vuélvete el mejor en eso. Haz toneladas de ofertas. Dales seguimiento. Alienta a las personas. Recuérdales lo que se pueden perder y hazlo como si tu negocio dependiera de ello. Porque de hecho así es".

Tu negocio depende de las ventas. Y tus ventas dependen del marketing, así que vamos a asegurarnos de que tu Experimento Sé diferente satisface esa necesidad vital.

Pon una clave en tu marketing

Los especialistas en marketing directo usan una técnica que todos deberíamos utilizar: la clave. Para cada campaña de marketing, insertan una acción única y rastreable, en lugar de la misma acción para todas las campañas. Entonces, por ejemplo, supongamos que quieres que las personas compren tu producto que les ayuda a dejar de vapear. Para hacerlo, envías dos publicidades diferentes. El primer correo electrónico es la foto de un bebé fumando un puro con un mensaje que dice: "Vapear es aún peor. Visita stopvapingfast.com". El segundo correo es la foto de una mujer anciana y arrugada vapeando, con otra foto que dice: "¡Sarah tiene 22 años! Visita neverevervape.com".

Nota que cada anuncio indica a la gente que visite un sitio de internet para obtener más información, pero los anuncios tienen claves distintas: URL diferentes. Un anuncio va a stopvapingfast.com y el otro a neverevervape.com. Al monitorear los clics en cada sitio, puedes averiguar qué anuncio funciona mejor. Así se usa una clave: cada campaña de marketing se puede medir de forma distinta porque se vincula a una dirección específica, incluso (borra incluso, *en especial*) cuando el prospecto no es consciente de la clave.

¿Recuerdas el anuncio de radio de mi amigo Anthony Sicari? Él configuró una clave para ese comercial enviando a las personas a solaranthony.com. Como es el único anuncio que manda a la gente ahí, puede medir los resultados de ese anuncio. ¡Sencillo!

Necesitas saber qué funciona y qué no, así que agrega una clave siempre que sea posible para monitorear los resultados que genera tu marketing. Las claves pueden ser distintos sitios de internet, números de teléfono, números de teléfono con diferentes extensiones, direcciones de correo electrónico con varios números de *suite*, códigos de cupón únicos y mucho más.

Incluso si tu indicación es pedir a la gente que se presente en algún lugar en persona, puedes cambiar el lugar de reunión según el anuncio para ver cuál funciona. Por ejemplo, supongamos que quieres que un grupo de personas se presente en el parque local para un evento. Tienes tres experimentos de marketing diferentes que quieres probar y, para cada uno, tecleas un lugar de encuentro distinto en el parque: la entrada, la glorieta, el estanque. Luego, monitoreas cuántas personas se presentan en cada ubicación. Ahora sabes qué anuncio funcionó mejor para atraer a la gente a tu evento.

En caso de que nunca hayas usado una clave antes, debes saber que han usado muchas en ti. Seguro has escuchado un comercial de radio o un podcast que termina con "Diles que Joe te envió para obtener un 10% de descuento". Joe es la clave. El sitio de internet específico del anuncio de Anthony Sicari era la clave.

¿Alguna vez has visto el mismo anuncio en todos los sitios de internet que visitas? En ese caso, la clave se llama cookie. Lo pusieron en tu computadora cuando viste ese auto nuevo o lo que sea. Ahora los anunciantes saben qué sitio de internet provocó tu interés y usan esa cookie para seguir colocando anuncios frente a ti. Usas una clave para saber qué marketing activó el interés de tu prospecto y, luego, usas los datos para publicitar mejor a otros prospectos y mejorar tus probabilidades de conversión. Entre más sabes sobre tu prospecto, más fácil será venderle. Y entre más sabes de dónde viene, aprendes más sobre tu prospecto y aprovechas eso para tu ventaja de marketing. La clave es la clave.

Jason Iverson falló el primer experimento Sé diferente. El dueño de Iverson's Barber Shop en Sacramento (como muchos en la industria del cuidado personal) enfrentó una gran caída en el negocio durante los cierres por covid-19. Incluso después de que se levantaron las restricciones y se le permitió reabrir, el negocio cayó 30%. Ahora la gente hacía *home office*, pasar por la barbería de camino a casa desde el trabajo ya no era algo habitual. Otras personas aprendieron a cortarse el cabello para quedarse en casa o un familiar lo hacía por ellas. Apenas capaz de cubrir los gastos básicos, Jason necesitaba de 20 a 30 nuevos clientes cada semana para volver a encarrilarse.

Probó un Experimento Sé diferente para llegar a un grupo demográfico objetivo al que nadie parecía atender: las personas que corren la Spartan Race. ¿Los has visto? Son rudos, la envidia de todo velocista. Jason notó que los Spartans entraban a su barbería para hacerse un corte Mohawk el viernes antes de la carrera del sábado y, después, regresaban el domingo a arreglarlo para trabajar el lunes. Así que se asoció con los propietarios de gimnasios y lo intentó: descuento aquí (tienda de Jason) y descuento allá (gimnasio). Nadie respondió. Trató de etiquetar un corte especial fuera del menú llamado el *Spartan Spike* e invitó a sus socios propietarios de gimnasios a compartir esto como una oferta exclusiva, brindando a los miembros del gimnasio un sentido de prioridad, importancia y especialidad que sólo obtenían al ser parte del gimnasio. Una vez más, nadie respondió. Si no fuera por la pandemia, le habría aconsejado que siguiera modificando el experimento, porque ya tenía pruebas de que la gente quería los cortes de cabello. La incertidumbre sobre si las carreras Spartan Race de verdad se llevarían a cabo fue un obstáculo que no pudo superar.

Aquí es donde mucha gente se daría por vencida y volvería a la mediocridad del marketing, pero no Jason. Volvió a la mesa de dibujo. Decidió probar con un grupo demográfico diferente: personas que quieren cortarse el cabello y están muy preocupadas por contraer covid-19 y transmitirlo a sus seres queridos. Jason sabía todo sobre ese miedo. Cuidaba a su madre, que corría un grave riesgo de sufrir complicaciones si contraía el virus. Como resultado, había implementado protocolos de seguridad adicionales en su barbería, más allá de los requeridos por la ley. Jason creó un video donde explicaba estos protocolos, los aerosoles, productos de limpieza y desinfección de uso hospitalario que usaba; también decía que la salud de sus clientes y su equipo era la mayor prioridad. No sólo promovía cortes limpios; anunciaba cortes *limpios*, limpios.

Esta vez funcionó. A los pocos días, tuvo tres nuevas consultas sobre cómo programar citas. Y señaló que sus clientes existentes platicaron sobre las precauciones de covid-19 que había tomado Iverson's Barber Shop. Esto significaba que quizá también estaba ocurriendo ese diálogo entre amigos.

Los fracasos pasan. Es el orden natural del marketing y son la clave de tu grandeza porque un fracaso significa que lo intentaste. No intentarlo significa que estás muerto en el agua incluso antes de comenzar. Al mismo tiempo, las ganancias menores son la norma. Con el tiempo, se suman las grandes.

Jason no tenía personas formadas, con una sana distancia de metro y medio, tratando de entrar. Su nueva iniciativa resultó en tres personas nuevas en la misma cantidad de días. Aunque no conectó un *homerun* con su nueva idea de marketing, se metió en la base. Éste es un veredicto de MEJORAR: corregir e intentar de nuevo. Encontró algo con potencial, pero no la panacea.

Piensa en levantar pesas para ganar músculo. No te desgarras todo de la noche a la mañana. Necesitas construirlo con el tiempo, a través de la resistencia. Te vuelves más fuerte enfrentando el dolor, no evitándolo. Ganas donde hay dolor.

Sé que crezco cuando me enfrento a las críticas y al dolor del fracaso. Aun así, tengo que superarme casi todas las veces. No es como si despertara, me golpeara el pecho y gritara "¡Soy el más grande!" antes de correr 18 riesgos ese día. Quiero decir, si hiciera algo de eso, seguro no tendría un solo amigo. No, mi diálogo interno quizá es bastante parecido al tuyo cuando se trata de correr riesgos de marketing: *1)* tengo una idea, *2)* creo que es más buena que el pan, *3)* calculo el tiempo y el esfuerzo que necesitaré para hacerla, *4)* dejo que la preocupación crezca preguntándome qué pensarán otras personas, *5)* uso esto como una excusa para no hacerla justificando que será demasiado difícil o una pérdida de tiempo, *6)* me alejo de la idea y *7)* uso mi falta de esfuerzo en hacer algo diferente para demostrar que lo diferente no funciona.

Para superar este proceso de pensamiento negativo, me inspiro en la gente y compañías que me encantan. Un hecho: la mejor banda de glam metal es Def Leppard. Discutiré contigo por esto, pero alrededor de 90% de sus canciones apesta. Tienen más de 100 canciones que nunca has escuchado y eso es algo bueno, incluso para un fanático de Leppard como yo. No puedes recuperar ese tiempo. Aun así, creo que son la mejor banda de glam metal de todos los tiempos, a pesar de que produjeron la canción "Unbelievable", que es, bueno, increíblemente mala. Algunas de sus *canciones de marketing* también fueron increíbles: fracasos increíbles. La mayoría nunca será escuchada por más de unas pocas personas que por casualidad las sintonizaron. Algunas son tan malas que no las ponen al aire. Está bien. Es la naturaleza de la creación. La clave es seguir produciendo, seguir intentándolo, seguir asumiendo riesgos, porque si bien algunos de sus experimentos serán épicos fracasos, otros serán épicos éxitos. Masivos. Estoy hablando de éxito nivel "Rock of Ages". Sólo necesitas sacar y mostrar tus cosas, monitorearlas y mantenerlas en marcha, incluso si el éxito se siente "Unbelievable". ¿Mencioné lo horrible que es esa canción?

Tu turno

Es hora de ejecutar tres experimentos rápidos. Sí, dije tres:

Completa un formulario del Experimento Sé diferente para el próximo producto que veas. Literal, lo primero que se te atraviese. Si estás en un escritorio, puede ser una memoria USB, un abrecartas o ese extraño cepillo alisador de barba Xikezan que todavía está en mi escritorio. Si estás en tu auto, puede ser el auto mismo, el celular o esa taza de café frío. Si estás en una carrera Spartan Race, puede ser, bueno, veamos... los cortes de cabello Mohawk.

El primero sólo fue para repasar el formulario otra vez. Éste es para que hagas marketing de ti, otra vez. Elige el producto o servicio de peor desempeño en tu negocio. El que de plano no se vende. O no se vende bien. Hazle un Experimento Sé diferente. Completa el formulario, echa a andar la prueba (de verdad) y emite un veredicto. Pero el veredicto sólo puede surgir después de realizar el experimento por completo. Sin medias tintas.

Realiza el tercer experimento para la cosa que consigue más ventas de boca en boca. Si nada llega de boca en boca, ¿de cuál se habla más? Echa a andar un Experimento Sé diferente para eso. Si recibes la mayor cantidad de ventas de boca en boca, quizá sea tu mejor oferta, o al menos por la que tus clientes existentes te conocen más. Publicitar por lo que ya te conocen tiene un efecto de amplificación. Ahora tienes tu pastel (marketing activo Sé diferente) y el glaseado (ventas de boca en boca).

Capítulo nueve
La ventaja de la desventaja

He aquí algo que aprendí sobre las ardillas: son muy malas recordando sus escondites. Seguro las has visto arrastrarse con bellotas. Quizá hasta te has sentado en el parque el tiempo suficiente para verlas enterrar la comida en el suelo. Resulta que son como yo tratando de encontrar las llaves de mi auto. O peor aún, tratando de encontrar mi auto en el estacionamiento de un centro comercial. Salgo y me quedo en blanco. También las ardillas.

Los estudios muestran que 74% de las veces olvidan dónde enterraron las nueces. (¿Quién es el chiflado que rastrea cosas como ésa? ¿Y qué otros secretos para el funcionamiento del universo guardan?) El hecho de que las ardillas no tengan ni idea de dónde dejan la mayor parte de su comida hace que todo ese acaparamiento de alimentos antes del invierno parezca inútil, ¿verdad? Pues no es cierto, dicen los investigadores. Resulta que son los "héroes involuntarios de la reforestación". En realidad, su debilidad es buena para los árboles. Cada bellota perdida puede convertirse en un poderoso roble. ¿Creo que las ardillas tal vez necesiten un asesor tipo "encuentra tu nuez" que les ayude a aumentar sus probabilidades? Nah. Seguro ya saben que son malas para encontrar su escondite y se han ajustado de forma acorde. En serio, su debilidad en realidad es una fortaleza.

Las ardillas se alimentan de manera adecuada y prosperan como comunidad (y plantan árboles). Los árboles sirven al planeta, el planeta se beneficia de un aire más limpio, reducción de dióxido de carbono y otras cosas buenas. ¿Y esas ardillas? Están creando un hábitat para sus generaciones futuras; necesitan árboles para anidar y alimentarse. Por mucho que me duela decirlo (porque les encanta salir corriendo delante de mi coche cuando menos lo espero, haciendo que apriete los frenos contra el suelo), las ardillas son las buenas en el bosque.

Me doy cuenta de que dejé claro mi punto con esta historia, pero por favor, déjame contarte otra que sí llevará ese punto a su lugar. UC Davis conoce el poder de los árboles. Su campus tiene muchos (olivos, para ser exactos). Los árboles, famosos por su belleza, realzaban el camino hasta que se presentó una molestia. Aunque el problema no tuvo nada que ver con las ardillas. Fue la resbaladilla de las banquetas tras la caída de las aceitunas. Las aceras grasientas provocaron muchos accidentes, por lo que, durante años, los jardineros se apresuraban a recoger la cosecha de aceitunas cada temporada.

En 2005, el supervisor de áreas verdes del campus, Sal Genito, tuvo una idea. Genito pensó: "Si la vida me da aceitunas, ¿por qué no hacer aceite?". En vez de talar los árboles y deshacerse del *problema*, se propuso transformarlo en una oportunidad. Él y un equipo cosecharon las aceitunas ¡para hacer aceite de oliva! La primera producción se agotó en un día. Ahora, UC Davis es conocida por su famoso aceite de oliva. ¿Mi parte favorita de la historia? Cada año, la universidad vende más de 125 galones de aceite, generando ingresos suficientes para financiar la cosecha, el embotellado y ahorrar los 600 mil dólares anuales que el campus pagaba por la limpieza y la resolución de accidentes.

A veces, nos abstenemos de ir con todo con nuestro marketing porque creemos que tenemos algún tipo de desventaja, que no estamos a la altura de nuestra competencia de alguna manera. Vemos la desventaja como algo que debe cubrirse o, como en el caso de UC Davis, limpiarse. ¿Lo interesante? Muchas veces, lo que *pensamos* como una desventaja, en realidad es una ventaja. De hecho, justo puede ser lo que nos diferencia de la competencia, la inspiración para algún marketing estelar, fuera de lo normal.

¿Considerarías un cambio de aceite de 25 mil dólares como un impedimento para comprar el automóvil que lo requiere? Me gustaría.

El cambio de aceite del Bugatti Veyron tarda más de 24 horas en completarse, cuesta más de 25 mil dólares y, aun así, el auto se vende. Algunos foros en línea informan que puedes obtener el cambio de aceite por 20 mil dólares si tienes un cupón o juras que nunca admitirás que tuviste un Kia. Esta rareza de la opulencia se convierte en marketing magnético. Quizá nunca aspires a tener un Bugatti, pero la marca posee parte de tu espacio cerebral porque Bugatti destaca su *debilidad* en el cambio de aceite.

Este servicio de lubricación que podría considerarse *abusivo, sobrevalorado, ridículo* o *una broma* se reposicionó para que el prospecto ideal de la marca lo viera como *prestigioso, necesario para una vida mejor* y *un privilegio para la élite*. En lugar de ser un impedimento, es un *llamado a las armas* para los asquerosamente ricos que pueden permitirse gastar eso cada cinco mil kilómetros. Necesitas recargar para el opulento club con cada cambio de aceite. Con el dinero de sólo una lubricación de Bugatti, te compras un Toyota Corolla nuevo. No encontrarás ninguna noticia sobre el cambio de aceite de 40 dólares de tu Honda… pero hay muchas noticias (y un gran revuelo) sobre el Bugatti de élite.

Un simple replanteo de tu desventaja te ayudará a encontrar el coraje para hacer tus Experimentos Sé diferente y las cosas que no quieres que nadie sepa, las que crees que deben arreglarse, ocultarse o minimizarse, pueden ser el punto de partida para una lluvia de ideas de marketing nuevas y diferentes. Así que cambia la narrativa. No eres una ardilla olvidadiza. Eres un superhéroe de los bosques.

La magia de los errores

"Durante cinco años, tuve un pequeño secreto… muy grave", me dijo Matt. "Prometí nunca compartirlo con nadie. Jamás. Esa información en las manos equivocadas o percibida de manera incorrecta podía destruir mi empresa por completo." Entonces, un día, lo reveló.

Mi amigo Matt Shoup es dueño de un negocio de pinturas para casas llamado M & E Painting. He aquí la historia que me contó: "Estaba con un cliente en la parte final de la negociación, listo para cerrar el trato. El cliente había tenido una mala experiencia con su pintor anterior. El equipo llegaba tarde, hicieron un desorden y el trabajo quedó terrible".

Entonces Matt le mostró su folleto de marketing y se dirigió a la página de testimonios. "Tenemos un índice de satisfacción casi perfecto, 98.6%, y hemos prestado servicios a más de cuatro mil personas en nuestros primeros ocho años en el negocio."

La brillante (literal) pieza de marketing debió cerrar el trato, pero cuando Matt le dio una pluma al cliente para firmar el contrato, el hombre se detuvo.

"Era de esas personas que no tienen pelos en la lengua. Me dijo: 'Matt, ese brillante folleto de marketing es una mierda. ¿Crees que algún día pondrás una mala recomendación? ¿Dónde está la página con los clientes enojados? Si quieres que firme, te sugiero que empieces a contarme una de esas historias, la más terrible'."

Ahora, debes saber que Matt es un tipo con mucha confianza. No tiene miedo de probar cosas nuevas, tener conversaciones difíciles ni ir tras la venta. Está preparado para responder cualquier pregunta. Excepto que este cliente le pidió que compartiera una mala historia. Una de verdad terrible. Y Matt tenía una, pero era un secreto. Un secreto de verdad muy malo.

Entonces Matt le contó otra historia. "Le platiqué de la vez que pinté el color incorrecto en una casa. Dijo que eran tonterías. Entonces le narré cómo pintamos el color correcto en la casa equivocada. Ups."

El cliente no estaba satisfecho. Claro, esos errores eran bastante malos, pero no muy diferentes a los de la competencia. El hombre presionó para escuchar la historia de un error que nadie más comete y cómo Matt y su equipo lo manejaron. Es cierto que ésta no fue la típica reunión de ventas y quizá otras mentes menos seguras se habrían marchado. Pero a Matt no le gusta perder. Nunca. Entonces, se sumergió en su error más grande.

"Bueno, si así están las cosas... te contaré sobre la vez que pinté a una bebé."

Sí. El equipo de Matt pintó a una bebé.

Sucio, horrible secreto revelado.

Verás, cinco años antes, Matt recibió una llamada telefónica de uno de sus muchachos en un lugar de trabajo.

"Raúl me dijo: 'Mateo, Mateo, Mateo, tienes que venir lo más rápido que puedas, hombre. Estábamos pintando la puerta... y la clienta estaba allí... y la bebé estaba allí... y las cosas van muy mal. Digo, la señora, la pintura, la bebé, ¡pum!'."

Lo primero que hizo Matt fue preguntar si la bebé y los clientes estaban bien. Por suerte, nadie resultó herido. Entonces, subió al auto y condujo hasta el lugar de trabajo.

"Estábamos pintando molduras y puertas para una pareja en Windsor", explicó Matt. "Había una puerta que estaba en la parte trasera del garaje y Raúl se preparaba para pintarla de negro. Cargó su rociador de pintura, se paró a unos 30 centímetros de la puerta y apretó el gatillo. No sabía que la dueña de la casa estaba parada a unos metros detrás de él, cargando a su bebé de nueve meses. Tampoco sabía que la punta de la pistola rociadora estaba atascada. Así que, en cuanto apretó el gatillo, ¡pum! ¡Explotó y salpicó pintura por todas partes!"

Todo quedó cubierto de pintura negra: las paredes de la casa, el piso de concreto, los muebles del patio, la terraza, la cerca, todo el equipo, las herramientas, la mamá... y la bebé. No olvidemos a la bebé.

"Limpiamos, pagamos para reemplazar todo lo que no se podía salvar e invitamos a cenar a la familia", dijo Matt. La familia los perdonó, pero Matt hizo que su equipo le jurara guardar el secreto y escondió la historia en lo más profundo de su bóveda mental. No dejaría que saliera a la luz que *habían pintado a una bebé*. ¿Quién haría negocios con ellos si se enteraran? Quiero decir, ¿qué compañía de pinturas ha pintado alguna vez, por accidente, a un maldito bebé?

Ahora, Matt le compartía todo esto a su prospecto, ese que quería saber una cosa horrible. Terminó firmando el contrato porque Matt le contó el peor error que su empresa había cometido y, lo más importante, cómo lo habían manejado. Al mostrar cómo M & E Painting hizo las cosas bien con la familia en Windsor, Colorado, su nuevo cliente comprendió que, si M & E cometía una equivocación en su trabajo, lo rectificaría. El secreto de Matt salió a la luz y no fue el fin del mundo. No murió. De hecho, consiguió un nuevo cliente.

Esa noche, mirando su brillante y feliz folleto de somos súper increíbles, Matt tuvo una idea. ¿Y si no hacía a un lado las cosas malas? ¿Y si se sinceraba sobre la historia de la bebé pintada?

Matt me dijo: "Siempre mantuve el oído pegado a la pared para asegurarme de que mi secreto estuviera bajo llave, aterrorizado de que saliera a la luz. Entonces me di cuenta de que ninguna empresa es perfecta y que debería dejar de intentar que la nuestra fuera la excepción. Los clientes buscan nuestros defectos potenciales y qué podría salir mal si trabajaran con nosotros. ¿Por qué no mostrarles lo que podría salir mal y cómo lo arreglaríamos?".

Matt decidió actuar. Cambió sus folletos, publicidad, todo, para incluir la "historia de la bebé pintada". La respuesta que recibió de los anunciantes profesionales no fue excelente, por decir lo menos.

"La primera vez que compartí de forma abierta nuestro nuevo método de marketing con un proveedor de publicidad con el que trabajamos en estrecha colaboración, dijo: 'Esto es lo más estúpido, ridículo y sorprendente que puedes hacer en tu carrera, Matt. Es un suicidio de la empresa y no quiero tener nada que ver con eso. Estás completamente loco'. Sabía que la historia de la bebé pintada molestaría a algunas personas. Estaba tan en contra de la norma que nadie había tenido el valor de intentarlo. Pero no esperaba que mis socios de marketing tuvieran una respuesta negativa tan fuerte".

No fue la primera vez que Matt intentó algo que nadie más haría. Fue un gran riesgo, pero lo hizo e implementó su idea *loca*. ¿Sabes qué pasó? Puras cosas buenas. Su marketing pasó la prueba del parpadeo. Sus ventas, tasas de cierre, rentabilidad y comentarios sobre la empresa explotaron. Su idea era tan diferente que llamó la atención de personas distintas a las que atraían su folleto estándar y publicidad. Y como contó la historia de la bebé pintada desde el corazón, como reflejaba de forma auténtica los valores de su empresa, atrajo a sus clientes ideales, aquellos dispuestos a seguir su indicación y llamarlo para pedirle un presupuesto. El siempre popular movimiento de *transparencia empresarial* del que tanto se oye hoy... se inició hace años por un tipo que oscureció a una bebé.

Así que pregúntate: ¿qué has arruinado? ¿Qué no puedes hacer? ¿Qué te cuesta demasiado? ¿Qué haces sin querer que dificulte la vida de tu cliente? Cualquiera de estas cosas puede ser tu ventaja de la desventaja.

Entre otros aspectos de la naturaleza humana, el premiado psicólogo estadounidense Elliot Aronson estudió los efectos del *error* en la simpatía. Fue el primero en describir el *pratfall-effect* (efecto metida de pata), el cual demuestra que, en general, una persona agrada más a otra después de cometer un error cotidiano. En marketing, a veces le decimos *efecto de imperfección*. Como quieras llamarlo, funciona.

Nos gustan más los actores después de ver sus *bloopers*. Somos más propensos a confiar en un político que admite que se equivocó. Nos atraen más los deportistas que no eran favoritos, tropezaron, cayeron, pero se levantaron y terminaron la carrera. No soy un científico (aunque mi ahumador difiera), pero supongo que la gente que comete errores es más atractiva sólo porque es más cercana. Se parecen a nosotros: con defectos, falibles y que no pueden lanzar una pelota de futbol americano (está bien, eso último sólo yo).

Matt me dijo: "Todos somos humanos y todos cometemos errores de vez en cuando. Ahora creo que una empresa brilla y muestra su fibra moral cuando las cosas no salen según lo planeado. Dentro de mi compañía, asumimos tanta responsabilidad por nuestros errores e imperfecciones como por nuestros excelentes proyectos y fantásticas reseñas. Todo el mundo tiene una historia de una 'bebé pintada', pero no todo el mundo se apropiará de esa historia y la usará como ejemplo de la forma en que se sobreponen a la adversidad y sirven a sus clientes y a su comunidad. Por eso es tu ventaja".

Comparte lo que tu competencia teme compartir: la verdad.

El don de la rareza

Michalowicz. Es un apellido raro porque en inglés, por lo general, las palabras no tienen tantas sílabas. Es como si en español leyeras *anticonstitucionalmente, otorrinolaringólogo* o *hispanoamericanismo*. No tengo idea de qué significan esas palabras, pero sí, son reales. Mi apellido pertenece a esa categoría. La mayoría de la gente lo pronuncia mal, lo que me incluye a mí, al parecer, porque una vez un caballero ucraniano me corrigió y dijo: No es "Mi-cow-low-wits" (o sea "mi vaca tiene poco ingenio") sino "Me-ha-low-vitch" (éste no tiene chiste). Y deletreándolo, olvídalo. Todos sufren, incluidos algunos familiares. (Te estoy hablando, ¿eh?, primo Peter Mycallowicks.) Recuerda, tu debilidad es tu fuerza.

Con razón, me acerqué. Me burlo de mi nombre antes que los demás, no porque me moleste cuando la gente me llama "Michal-o-shits" (Michalomierda en la mejor de sus traducciones), sino porque sé que es diferente y se nota. Cuando te apoyas en tu *debilidad*, se rompen barreras y, en este caso, hace que el increíble autor aburrido parezca más accesible. "Él no es Stephen King, pero es el mayor 'Mi caca de vaca' que conozco", susurró mi esposa cuando firmé el contrato de este libro.

Soy raro en muchos sentidos. Todos lo somos. Gracias a Dios, en realidad. ¿Por qué combatirlo? De hecho, ser más tú es tu mayor ventaja de marketing.

Cuando estaba demasiado flaco en la escuela primaria, los compañeros de clase se burlaban de mí. Cuando los lectores me hicieron pasar un mal momento por mi obsesión de usar chalecos en eventos de conferencias, escribí una historia sobre cómo los usaría hasta el fin de los tiempos. Entonces mi equipo hizo camisetas estampadas con chalecos que decían "¡Vive tu mejor vida!" y "¡Da lo mejor de ti!" y las regalaron a los lectores. Esas playeras eran una broma porque en inglés "mejor" se escribe *best* y *chaleco* se escribe *vest*. Solía dirigir mi negocio afuera de una oficina vacía en una fábrica de galletas (sobre los hornos, ni más ni menos). Eso es bastante raro y algunas personas no lo admitirían, en especial un autor de negocios. "¿Qué diablos haces ahí, Mike? ¿Por qué no alquilas una cabaña durante un mes y escribes mientras observas el Walden Pond a la distancia? O, no sé, sólo usas una oficina normal." Pero no oculté mis aposentos. Me aseguré de que todo el mundo lo supiera. Ahí escribía *El Gran Plan* y el sudor me corría por la cara. No sólo por la presión, sino porque mi oficina no tenía aire acondicionado ni ventanas y alcanzaba los 36 grados en días calurosos. La llamé mi oficina de la "muerte por galletas con chispas de chocolate".

Lo raro no está mal.
Lo raro es humanizante.
Lo raro es un punto de discusión.
Lo raro gana milisegundos de marketing.
Lo raro es *diferente* y creo que ya establecimos con firmeza que lo diferente es mejor.

Tú también tienes una rareza. Lo raro es un regalo. Acéptalo. Abrázalo. Compártelo. Anúncialo.

La ventaja del segundo mejor

Con más de 36 mil franquicias en más de 120 países, McDonald's patea el trasero de Burger King. Con 15 mil franquicias en 84 países, Burger King sólo puede presumir que es el segundo mejor (al menos en términos de alcance). En lugar de tratar de salir de esa clasificación, Burger King usó eso para su ventaja en una inspirada campaña de 2018 llamada el "Whopper Detour".

En un comunicado de prensa, Burger King dijo que estaba "convirtiendo más de 14 mil McDonald's en restaurantes Burger King". He aquí cómo lo hizo:

La compañía ofreció Whoppers ultrabaratas por un tiempo limitado. Para reclamar la oferta, los clientes debían instalar la aplicación de Burger King y luego pararse a 200 metros de un McDonald's. Esto desbloqueaba la promoción, permitía a los clientes hacer sus pedidos y luego los *desviaba* del McDonald's al Burger King más cercano.

Mmm, creo que me encanta. Estoy enamorado de Burger King o de quienquiera que sea el creador de esa loca idea de "pégate a los grandes". Me encanta cómo aprovecha la fuerza del competidor más grande, así como David sacó ventaja de la enormidad de Goliat. El tamaño de Goliat lo convirtió en un adversario más lento, esto permitió que David le lanzara piedras en la cara. David podía golpearlo con una piedra y correr a una nueva ubicación para el próximo lanzamiento. De esta manera, la *fuerza* de Goliat lo volvió el objetivo perfecto.

Burger King aprovechó la gran cantidad de ubicaciones de McDonald's. Con su marketing, Burger King puso los miles de millones gastados en espectaculares de McDonald's a su servicio. La campaña de nueve días arrojó resultados notables: la aplicación Burger King se descargó más de un millón y medio de veces y la compañía tuvo un aumento de 300% en los ingresos por aplicaciones móviles. También atrajo mucha atención. *The New York Times*, *USA Today*, *Business Insider* y las principales cadenas de televisión como CNN y MSNBC cubrieron sus experimentos de marketing diferente. Además, Burger King aumentó 818% sus menciones de Twitter.

Si estás en el segundo lugar o muy abajo en la lista de tu industria, piensa cómo usar esa clasificación a tu favor. En vez de esconderla, ¿cómo jugar con ella? ¿Cómo aprovechar la fuerza de tu competencia para hacerte más fuerte?

La oportunidad de lo que te falta

Si estás empezando en el negocio, seguro no quieres que la gente sepa lo que te falta. Es normal tratar de aparecer como todos los demás en tu industria, como una empresa legítima con todas las comodidades. Por eso compramos las cosas que los demás parecen tener (una vez más tratando de encajar). Lo hice, por un tiempo, hasta que me di cuenta de que todo era una mierda. Pensé que debía tener el equipo súper caro para mostrar las capacidades técnicas de mi compañía cuando los prospectos vinieran a visitar las oficinas de mi primera empresa de servicios informáticos. El equipo de lujo se acumuló, agregando valor cero a mis servicios y nunca logró impresionar a los prospectos. Lucecitas navideñas parpadeantes de 20 dólares en un gabinete para servidor habrían sido un marketing más impresionante y efectivo que los 20 mil dólares que acumulé en tarjetas de crédito (que no impresionaron a nadie).*

No tener dinero para comprar lo que todos los demás tienen puede ser la mejor oportunidad para diferenciarse. Cuando Jesse y Emily Cole se hicieron cargo de lo que se convertiría en los Savannah Bananas, el histórico estadio Grayson Stadium tenía un marcador eléctrico. Entonces, literal, le cayó un rayo. No se pudo reparar y no tenían fondos para reemplazarlo. Así que usaron el viejo marcador manual. ¿Ya sabes de cuáles? Sí, de esos que requieren a una persona sentada detrás durante el juego para cambiar los números de metal a mano. Ese marcador manual se volvió una herramienta de marketing. Ahora se suma a la vibra durante el juego y la prensa ha escrito artículos completos sobre él. En vez de ser un estadio de beisbol que no tiene marcador eléctrico, el Grayson Stadium es uno de los pocos estadios en el país que todavía tiene un marcador manual. Además, Jesse pronto descubrió que la mayoría de la gente ni siquiera le ponía atención, así que ¿por qué molestarse en reemplazarlo con esa cosa habitual (que se puede ignorar) que costaría una fortuna?

¿Estás ahorrando para comprar algo para tu negocio? ¿Qué crees que tus clientes esperan que tengas y no puedes pagar? Eso que no tienes podría ser una característica, no un defecto.

Dolly Parton es, sin duda, una de las compositoras estadounidenses más importantes. Ha escrito muchísimos éxitos, tiene más premios de los que puedo contar, incluso tiene su parque temático. O sea,

---

*Si tú y yo nos encontramos en algún momento, pregúntame acerca de las luces navideñas parpadeantes en los gabinetes para servidores. Te contaré cómo contribuyó al mejor y más diferente marketing que he realizado. ¿El resultado? Esa empresa fue adquirida por una Fortune 500.

¿cuántas celebridades tienen su parque temático? Es un genio de la música, un ícono y un portento en los negocios. Pero cuando piensas en Dolly, seguro piensas en su apariencia. Cabello rubio alborotado, ropa *llamativa* (su palabra, no la mía) y mucho maquillaje. También es conocida por su… eh… digamos *figura*.

Una vez, en una entrevista, Barbara Walters le preguntó:

—¿Por qué te vistes así?

—Para conmocionar. Para ser diferente —respondió Dolly.

Al principio de su carrera, los hombres grises querían que Dolly cambiara su apariencia. La instaron a bajar el tono, el color del cabello, a parecerse más a sus contemporáneos. Sabía que era un consejo horrible. ¿Por qué querría verse como todos los demás? No sólo ignoró sus recomendaciones y se inclinó aún más hacia su *look*, sino que su primer sencillo se burló de lo que algunas personas percibían como su desventaja. Lanzado en 1966, "Dumb Blonde" afirmó su poder y puso patas arriba el estereotipo de las rubias. Fue un movimiento súper inteligente de su parte porque se afirmó justo en eso que la gente le criticaba y quería que cambiara. Fue el primer paso para diferenciarse y, al hacerlo, encontrar a sus admiradores.

Te vas a burlar de mi cabello, lo esponjaré más alto.

Te vas a burlar de mis tetas, las pondré al frente y al centro.

Te vas a burlar de mi moda, la subiré 10 rayitas.

Una vez, en una entrevista para *USA Today*, dijo: "Toda la magia sobre mí es que parezco artificial… pero soy totalmente real".

Dolly sabe lo que hace. Tiene una de las bases de fanáticos más dedicadas y diversas del mundo (quizá *la más*). También tiene una de las puntuaciones Q positivas más altas del mundo. Propiedad de Marketing Evaluations, Inc., la puntuación Q monitorea la conciencia pública y el atractivo de una celebridad. En esencia, rastrea las primeras dos letras de la Estrategia DAD de marketing: diferenciarse y atraer. Si una celebridad tiene una puntuación Q alta, es más respetada y, como resultado, gana más dinero por promocionar productos y servicios.

También puedes atraer una base de clientes dedicada y diversa. No escondas quién eres, lo que no tienes o los errores que has cometido. Deja volar tu extraña bandera.

Tu turno

Mi cita favorita, a menudo atribuida al autor Oscar Wilde, está colgada en mi oficina. Dijo: "Sé tú mismo. Todos los demás ya están ocupados". ¡Bingo vikingo! Eso es todo. Justo lo que quieres esconder, por lo que te avergüenzas, por lo que te hacen burla... es tu as bajo la manga. Esa cosa podría ser la liberación de tu marketing.

1) Si publicitas para tu negocio, pregúntate ¿cómo poner tu debilidad, rareza, diferencia, tu "no voy a ocultarlo más" al frente y al centro?
2) Si trabajas en el departamento de marketing, éste es tu momento. ¿Cuál es la extraña anécdota que está en los anales de la historia de la empresa? ¿Cuál es la rareza que a todos en la oficina les encanta, pero que evitan exponer para mantener el profesionalismo? ¿Con qué los molesta la competencia? Es tu oportunidad. Sé el especialista en marketing audaz que lleva eso al frente y al centro.

# Capítulo diez
Reimagina tu negocio

La vida es buena en las llanuras de Dakota del Sur, en especial cuando ya descubriste cómo obtener ingresos suficientes para mantener el estilo de vida que imaginas. Con dos locales físicos e instalaciones para tostar café, Jacob Limmer transformó su cafetería Cottonwood Coffee de un pasatiempo a un negocio que cualquiera estaría orgulloso de poseer.

Quizá recuerdas la historia de Jacob en *Un paso a la vez*. En ese libro, te doy un sistema simple para averiguar en qué aspecto de tu negocio debes enfocarte primero para lograr un crecimiento constante y permanente. Al seguir ese sistema, Jacob descubrió que su empresa no generaba lo suficiente para respaldar lo que él llamaba un estilo de vida tipo "comodidad del Medio Oeste". Tras 13 años en el negocio, tratando de vender más y más, esto fue un *shock* para él. Entonces, volvió a lo básico: ventas rentables, no sólo más ventas. Al hacer este cambio, pronto tuvo ingresos más que suficientes para mantener todo lo que necesitaba y quería. Una vez más, la vida era buena en las llanuras de Dakota del Sur.

Luego, en la primavera de 2020, sus ventas casi se agotaron. Al igual que muchos otros negocios, cuando el covid-19 obligó a muchos estadounidenses a quedarse en casa, Jacob tuvo que cerrar durante un tiempo sus dos cafeterías. En este punto, tenía dos opciones: esperar días mejores o estar a la altura de las circunstancias y *crear* días mejores. Jacob eligió la segunda opción.

Tras semanas inmerso en una pandemia global, sabía que sólo cambiar el marketing no sería suficiente para mantener el flujo de ventas. Así que encuestó a sus clientes. Les envió correos electrónicos que decían (voy a parafrasear): "¿Cómo te sientes? ¿Qué necesitas? Seguimos abiertos, pero sabemos que necesitamos servirte de formas nuevas. ¿Qué podemos hacer por ti ahora?".

A través de esa encuesta, Jacob supo que sus clientes estaban preocupados por la salud y querían que los animaran. Sus clientes notaron que habían perdido el ritual de conseguir una deliciosa bebida de Cottonwood Coffee.

A los 22 días de cerrar sus dos ubicaciones, Jacob había creado un nuevo producto, una bebida inmunoestimulante con café y vitamina D3 de alta calidad, lo agregó a la tienda en línea e informó a sus clientes. Las ventas aumentaron y permitieron resistir los cierres por covid-19 el tiempo suficiente para reabrir sus tiendas. Y, a pesar de que sus ingresos se redujeron durante el año, Cottonwood Coffee tuvo su año más rentable. Pero ése no es el final de la historia. Durante los primeros meses de pandemia, Jacob aprendió algo que no podía ver antes: cómo reimaginar su negocio.

En una llamada para ponernos al día, Jacob me dijo: "Siento que tengo el control más que nunca. Ahora sé que no tengo que sacrificar mi vida para mantener mi negocio, nunca más. Al reimaginarlo, puedo adaptarme a cualquier cosa que suceda y a lo que necesite".

Llegará el día en que sin importar cuán diferente sea tu marketing, cuántas veces experimentes-mejores-experimentes, qué tan hábil sea tu músculo de marketing... no venderás lo suficiente. Nos pasa a todos. Las mareas cambian. Los gustos se transforman. Ocurre una interrupción. Surgen los imitadores.

Como dueños de negocios, debemos enfrentar estas realidades y aceptar el hecho de que, a veces, ninguna cantidad de marketing (por brillante que sea) es suficiente. Cuando esto sucede, tenemos dos opciones: esperar días mejores o estar a la altura de las circunstancias y *crear* días mejores. Para hacerlo, debemos reimaginar nuestros negocios: nuestras ofertas, cómo las publicitamos, incluso quiénes deberían integrar nuestra base de clientes. Tenemos que estar dispuestos a cambiar la *forma* en que hacemos negocios, no sólo cómo los publicitamos.

Tú, amigo mío, ahora estás más equipado para manejar estos desvíos comerciales porque ya practicaste el diferenciarte. Te sientes más cómodo coloreando fuera de las líneas. Te volviste más seguro al destacar. Tú puedes.

Jacob Limmer creó un nuevo producto para soportar una fuerte tormenta. Lo hizo acercándose a sus amigos y clientes para averiguar qué necesitaban y, luego, probó sus comentarios con sus carteras. Ese enfoque es obvio y muy fácil de implementar. En este capítulo, aprenderás más estrategias simples, pero poderosas, para diferenciar lo que ofreces, no sólo cómo lo ofreces, para que también tú puedas reimaginar, incluso reinventar, tu negocio.

Da un paso atrás

En 2020, hablé con muchos dueños de negocios que, como Jacob, buscaron una manera de mantenerse a flote. Por suerte, muchos de mis lectores de *La ganancia es primero* habían ahorrado meses de gastos operativos, por lo que tenían tiempo. (Una cantidad de dinero en efectivo les permitió mantener sus puertas abiertas y a su gente con un empleo remunerado.) Pero necesitaban ingresos y, para muchos de ellos, eso significaba repensar todo.

Como era de esperar, también consulté a muchos propietarios de restaurantes ese año. Para ayudarlos a reinventar su negocio, les compartí mi método 1 paso atrás.

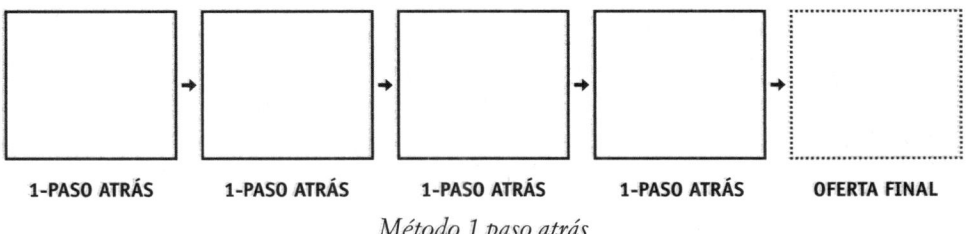

Método 1 paso atrás

Funciona así:

1) Observa tu oferta histórica, tu actividad principal. Por ejemplo, para la mayoría de los restaurantes, eso es alimentar a las personas en su local. Escribe lo que entregas en el cuadro OFERTA FINAL. Para este ejemplo, sería *poner buena comida en la mesa* o algo similar.

2) Luego, registra el último paso que diste justo antes de entregar la OFERTA FINAL. Es fácil para los restaurantes: antes de que un mesero ponga comida en la mesa de un comensal, la lleva allí desde la cocina. Eso es un paso atrás. Escribe *llevar comida a la mesa* en la casilla 1-PASO ATRÁS justo a la izquierda de la OFERTA FINAL.

3) Ahora, considera cómo cambiar tu oferta basándote en ese paso. Esto hicieron muchos restaurantes en 2020: llevar comida a una mesa se convirtió en sacar comida del restaurante en forma de comida para llevar y entregarla a domicilio. Muchos no estaban bien configurados para hacerlo, ¡pero seguro que ahora lo están! Este simple cambio salvó a muchos negocios físicos de la quiebra, incluidas las tiendas minoristas y hasta los bares. ¿Quién sabía que las margaritas para llevar eran tan buenas? Todos.

4) Aquí se pone interesante. Da un paso más hacia atrás. ¿Qué sucede antes de ese paso previo? Para los restaurantes, preparar la comida en la cocina. Escribe eso en el siguiente cuadro a la izquierda de 1-PASO ATRÁS. Luego, considera cómo esto podría convertirse en una nueva oferta (como cocinar una comida en la cocina de tu casa). Asesoré a Mariana Oviedo, propietaria de un negocio en Ensenada, México, para que hiciera justo eso a través de clases de cocina virtuales. Estas clases permitieron que sus clientes se sintieran conectados con otros miembros de su comunidad y comieran los platillos que amaban. Por esto, Mariana cobró $150 dólares, que incluían la entrega de todos los ingredientes que

la gente necesitaba para la clase. Antes de los cierres, una reservación típica generaba unos $50 dólares. Ahora, estaba en condiciones de traer tres veces esa cantidad, simplemente dando un paso atrás y luego otro. ¿Cuál es tu próximo paso atrás? Escríbelo.

5) Sigue rebobinando paso a paso hasta que identifiques todos los pasos importantes que has dado para llegar a tu oferta histórica. Para los restaurantes, el paso antes de preparar la comida en la cocina es tomar el pedido. En mi comunidad, aquí en Nueva Jersey, un restaurante cambió la forma en que ofrecía comida para llevar y la entregaba a domicilio. Eliminó el paso tradicional de *hacer su pedido*, que requería esperar de 30 a 60 minutos para la comida. En cambio, se asoció con un camión de comida en el área para la entrega, un vecindario a la vez. El restaurante cargó el camión con 60 comidas preparadas y lo estacionó en un callejón sin salida como un camión de helados. Genio, ¿verdad?

Ya que descubriste el paso que quieres diferenciar, juega con la idea para hacer variaciones. Luego, ejecuta una versión beta. Si funciona, amplifícala. Como ya sabes, la clave para hacer lo diferente con éxito es perseverar. Haz una lluvia de ideas, reflexiona, intenta una y otra vez... Y, como siempre, escucha las carteras, no las palabras.

Vende la propuesta

Una forma segura de averiguar si tu oferta conseguirá tracción es venderla antes de crearla. Vende la propuesta, no la cosa todavía. Si las personas quieren comprar lo que ofreces sólo por el concepto, significa que tienes una idea que vale la pena desarrollar. Significa que creen en ella y la visualizan funcionando. Si nadie lo compra, ahí está tu respuesta. En ese punto, o mejoras la oferta o la abandonas y pruebas algo nuevo.

He aquí cómo funciona:

1) Comparte los detalles de tu idea con la comunidad por correo electrónico, en redes sociales, incluso en persona. Ésta no es una oferta ni una propuesta oficial. Sorpresa, la integridad gana aquí. Diles que tienes una idea y los componentes clave que pretendes incluir.
2) Inocúlalos contra los inevitables golpes y magulladuras. Sé sincero sobre el hecho de que es una idea nueva que deseas probar y que (como es nueva) puedes llegar a cometer errores y seguro necesitará mejoras.
3) Luego pregunta a tu comunidad si lo quieren. ¿Creen que la idea es útil? ¿Lo necesitan? Recuerda, queremos centrarnos en las carteras, no en las palabras, así que pide un depósito. La dirección debe basarse en un precio con descuento y debes recordarle a la gente que es un concepto beta, de ahí el potencial de ajustes y ediciones y, por lo tanto, el descuento.
4) Envía la solicitud dentro de las 20 horas posteriores a su elaboración. Ésta es una lección de nuestro amigo Jesse Cole. Tienes la idea, explicas los puntos básicos, determinas el precio final, les haces un descuento a las personas dispuestas a obtenerla pronto (en versión beta) y haces que se comprometan con dinero en efectivo.
5) Si no obtienes suficientes respuestas positivas (depósitos), busca retroalimentación sobre qué necesitas cambiar y luego intenta de nuevo. O apártalo y pasa a la siguiente idea.
6) Involucra a tus clientes beta en la mejora de tu negocio. Pide comentarios y realiza cambios rápido conforme entregas la primera versión de esta próxima oferta. Atiéndelos para que tu idea tambaleante, "no del todo lista para el horario de máxima audiencia", se convierta en una oferta sólida y efectiva.
7) Cuando termines la versión beta, impleméntala a precio normal. La belleza de esto es que, como se los diste a tus clientes mientras lo considerabas y modificabas conforme a sus

comentarios, estarán entusiasmados. Ahora tendrás una selección de testimonios que te ayudarán a vender la cosa nueva.

He visto a demasiados dueños de negocios desarrollar su idea, construirla y probarla antes de acercarse a sus clientes ideales para ver si la quieren. De este enfoque se obtienen dos resultados muy frustrantes. Primero, crear algo que pocas personas quieren o necesitan. Segundo, el desarrollo y la implementación llevan demasiado tiempo y la oportunidad puede pasar. Al final, eso es una pérdida de dinero y de tiempo. Cuando creamos ofertas en una burbuja, separados de nuestras comunidades, confiamos sólo en un conjunto de datos (nosotros) y podemos terminar desarrollando una oferta que el mercado no desea. Pero cuando vendes la propuesta y sabes con certeza que la gente comprará lo que estás ofreciendo, esa confirmación te prende un fuego interior para que suceda.

Pregunta ¿quién más se beneficia?

¿Te acuerdas de Robin Robins, The Relentless Redhead, del capítulo 8? La implacable pelirroja no dejaría que el covid-19 ganara. En marzo de 2020, sólo 39 días antes de su IT Sales and Marketing Boot Camp, Robin Robins tuvo que cancelar el evento en vivo y pasarlo a virtual. Esto suena a un desafío factible, aunque difícil, pero en realidad fue una empresa masiva. En la actualidad, ya estamos acostumbrados a los eventos virtuales, pero en marzo parecía casi impensable. Digo esto por experiencia personal. También tuve un evento (AuthorUpLive) en marzo que cambió a virtual en menos de tres semanas y no teníamos idea de cómo llevarlo a cabo sin reembolsar la mayoría de nuestros registros. Requería cambios tecnológicos inmediatos y aprendizaje minuto a minuto para los anfitriones. ¿Y para los invitados?

Pocas personas confiaban en los eventos virtuales, en especial si el evento se trataba tanto de networking en persona como de aprendizaje. Para colmo, la mayoría de la gente no era experta en Zoom, incluido el presentador de CNN Jeffrey Toobin, quien fue sorprendido jugando con... su... digamos *pajarito* en una sesión laboral de Zoom. Si no sabes de qué estoy hablando, no lo busques en internet... te quedarás ciego.

La implacable pelirroja Robin no se desanimaría. Ni seguiría el *statu quo*. Cuando todos los demás, incluyéndome, cambiaron los eventos a Zoom, ella contrató a un equipo de producción de televisión, construyó un escenario físico para presentaciones en vivo de los oradores y agregó pantallas con transmisiones en vivo para mostrar a todas las personas sintonizando desde sus hogares. Aunque tuvieron que reembolsar más de 650 mil dólares en los primeros 30 días (atribuidos a patrocinadores en pánico), Robin lo compensó con creces al aumentar su lista de registro de 1 500 a ¡casi cinco mil! En seis semanas. Donde todos los demás (de nuevo, incluyéndome) intentaron aferrarse a sus asistentes, Robin hizo crecer esa lista a pasos agigantados, encontró nuevos patrocinadores y logró un evento más rentable.

La reputación de Robin para eventos de clase mundial pronto evolucionó hacia una reputación para eventos virtuales de clase mundial. Cuando la entrevisté para este libro en el otoño de 2020, Robin me dijo que ya había superado los 20 millones de dólares en ingresos ese año. También lanzó Big Red Media, un facilitador de eventos virtuales y servicios de marketing, que recaudó cuatro millones de dólares en su primer año.

Dijo: "Cuando las cosas cambian, es como si todos volviéramos a un punto donde aprovechas la 'ventaja de mover primero'. No puedes permitirte el tiempo para ver qué hacen los demás". Una de sus técnicas es preguntar: "¿Quién más se beneficia cuando hago una venta?". Para un evento donde la venta es un asistente que compra un boleto, los otros beneficiarios incluyen la empresa de procesamiento de boletos, la plataforma del evento virtual y el equipo de producción. Cuando regresen los eventos en persona, podrá agregar servicio de comida, hoteles, transporte y más. Robin ve a todas estas personas y empresas que se benefician como oportunidades para alianzas de proveedores, empresas conjuntas, asociaciones y patrocinios. ¿Cuál de estos proveedores también quiere atender a los clientes de Robin? ¿Cuáles de estos proveedores tienen redes propias que podrían beneficiarse de las habilidades de Robin? En una reunión de profesionales de tecnología de la información, ¿quién más quiere acceder a ellos?

Gracias a que preguntó "¿quién más se beneficia?", Robin se asoció con Datto, una empresa de respaldo de datos que quería acceder a sus asistentes y pagó una buena suma por ello. Luego preguntó: "¿De qué otra forma se benefician?". Resulta que tenían una lista enorme de prospectos, pero no sabían cómo aprovecharla. Entonces, Robin creó y dirigió una reunión virtual para Datto. Ahora tiene una división de su negocio que organiza conferencias virtuales para otras empresas.

Para reimaginar, incluso reinventar tu negocio, pregúntate: "¿Quién más se beneficia?". Sigue preguntándolo hasta que encuentres nuevas oportunidades.

Haz lo que no escala

Uno de mis libros favoritos es *Never Lose a Customer Again*, de Joey Coleman. Es una lectura obligada. Puedo ser tan atrevido como para sugerir que es la media naranja de este libro. *Sé diferente* te ayudará a conseguir clientes y el libro de Joey te ayudará a conservarlos.

Invité a Joey a una reunión de autores y me compartió uno de sus mejores métodos para diferenciarse. Su consejo me inspiró a crear la experiencia de aprendizaje inmersivo para este libro (immersewithmike.com). Esta joya me dejó alucinado:

"Haz lo que no escala, porque nadie más lo hará".

Cuando dijo eso, pensé: "¡Dios mío, eso es brillantez en bruto!". Por supuesto, ése es el secreto para reinventar su oferta, porque la mayoría de la gente quiere escalar y evitar hacer cosas que no se puedan replicar con facilidad. Crear algo que no se escala les exige demasiado y, con el tiempo, se agotan.

Fue un momento tipo: "Dahhh, ¿por qué no pensé en eso?". Empecé a reflexionar en cómo me relacionaba con los lectores. La mayoría de los autores no interactúa de forma individual con sus lectores porque no pueden escalarlo. Lo entiendo, no es posible tener una conexión personal con todos los que consumen sus libros, incluso si lo fuera, sería demasiado agotador.

Antes de que Joey compartiera conmigo la estrategia no escalable, yo ya había respondido los correos electrónicos de los lectores. Es importante para mí conectarme con ellos (y contigo). El problema fue que no logré satisfacer la demanda. Decidí dejarlo. Con el tiempo, todos los autores tienen que entregar las cosas a sus equipos, ¿verdad? Excepto que, en el fondo, no quería perder esa conexión contigo.

Entonces, después de esa reunión de autores, me comprometí de nuevo con el lector y me desafié para encontrar una manera de que funcionara. Desarrollé sistemas e implementé el bloqueo de tiempo para responder todos los correos electrónicos de lectores que recibo. La respuesta ha sido increíble. La forma en que manejo esto es algo como una salsa secreta, pero escribo cada palabra y grabo cada video. Soy yo y *no* soy escalable. ¿O sí?

Prueba esta técnica. Reflexiónalo durante una hora más o menos. Pregúntate: "¿Y si?". ¿Y si no te preocupara escalar? ¿Y si la imposibilidad de escalar algo fuera un mito de la industria y, de hecho, puedes hacerlo crecer? ¿Qué ofrecerías? ¿Cómo entregarías tu oferta de manera diferente? ¿Y si sólo hicieras lo que no se puede escalar en tu industria y llenaras el vacío con un esfuerzo crudo? Ésa podría ser tu salsa secreta.

John Ruhlin ha vendido más cuchillos que cualquier otro vendedor en la historia de Cutco… y lo hizo cambiando la forma en que los vendía. Cutco vende cuchillos a través de ventas directas, el viejo método de puerta en puerta. Cuando John era pasante, tuvo una idea. ¿Y si pudiera conseguir que los dueños de negocios compraran grandes cantidades de cuchillos para regalar a sus clientes?

Su primera venta de esta naturaleza fue al padre de su novia, un abogado que compraba navajas como regalo para sus clientes. Eso fue sólo el comienzo. Continuaría vendiendo cuchillos Cutco por un valor de más de cuatro millones de dólares.

John es un amigo. También es el autor de *Giftology: The Art and Science of Using Gifts to Cut through the Noise, Increase Referrals, and Strengthen Retention*. Su enfoque diferente para vender no sólo funcionó para Cutco, también se volvió el trabajo de toda la vida de John.

La clave para tener éxito en marketing y ventas es preguntarse de forma continua: "¿Qué pasa si lo intento de una manera diferente? ¿Qué pasa si pruebo un enfoque de ventas diferente? ¿Qué pasa si tomo prestado un producto o un sistema de entrega de servicios de una industria completamente diferente? ¿Qué pasa si me opongo a la sabiduría convencional, dejo de lado las normas de la industria y pruebo algo fuera de la caja?". Cuando reimagines lo que vendes y cómo lo vendes, tal vez descubras tu verdadera vocación.

Tu turno

1) Pregúntate quién más se beneficia del producto o los servicios que ofreces. Más allá de tus clientes, hay vendedores, proveedores, contratistas y otros en la cadena alimenticia. Documenta a todas las demás personas que participan en la creación o entrega de lo que haces. Son beneficiarios. Ahora pregúntate: "¿De qué otra manera pueden ser socios?".

2) Crea una lista de todas las cosas en tu industria que "no se pueden escalar". Pregúntate qué no hace la industria porque se supone o se dice que no se puede. Luego elige una y hazla. Si hiciste la inmersión del libro que puse en la dedicatoria, comparte la historia de cómo usaste *Sé diferente* para tu negocio. Esto es un ganar-ganar. Siempre busco nuevas historias y estrategias (que me sirvan, gracias) y puede

convertirse en una mención en mi blog, podcast o inclusión en uno de mis futuros libros (que, espero, sea una recompensa para ti). Si no hiciste la inmersión, ¡aún puedes! Sólo entra a immersewithmike.com.

Cierre
Crece, pero no madures

"Madura." En este punto, me conoces lo suficiente como para darte cuenta de que no soy fanático de esa frase. En la actualidad, tengo 50 años —lo sé, no parece que tenga más de 49 y medio— y me la repiten más veces de las que puedo contar —la última fue la semana pasada—. Quizá porque soy un tonto o porque no temo probar cosas diferentes. Tal vez porque tengo un entusiasmo infantil por las cosas que amo.

No soy Peter Pan. Me gusta ser un adulto, casado y padre de tres hijos. Pero ¿mis negocios? Ésos son otra historia. No quiero que mis empresas maduren porque es el código para *encajar con el resto del mundo*.

A medida que nos convertimos en adultos, cumplimos cada vez más con la sociedad que nos rodea. Corremos menos riesgos. Queremos pertenecer. *Madurar* se convierte en el código para decir: "Métete a la fila, muchacho. Colorea dentro de la línea. Ajústate a las normas. Obedece. Compórtate". Haz lo que se espera de ti.

No, gracias.

Se destacan los dueños de negocios que no maduran. Los líderes que no encajan. Los niños que no colorean dentro de las líneas o que crean sus líneas nuevas. Los que no se visten como se supone. Los que tienen puntos de vista únicos o singulares.

Según News Medical, Steve Jobs tenía koumpounofobia: miedo a los botones. Al menos, les tenía una fuerte aversión. Jobs siempre usaba un jersey de cuello alto. Sin botones. ¿Y sus jeans? Seguro no eran de esos que se abrochan con botones. En vez de obligarse a tolerarlos, los rechazó. Y ese rechazo se trasladó a los productos que desarrolló.

Cuando Apple lanzó el iPhone, revolucionó la industria de la telefonía. En aquel momento, el jugador dominante en el mercado era BlackBerry. Si tenías un celular, lo más probable es que fuera el "Crack-Berry". Los teléfonos de la competencia trataban de incluir más botones, porque ésa era la norma de la industria (según la definición de BlackBerry). Las empresas ponían teclados completos detrás de las pantallas que deslizabas hacia arriba con el pulgar para escribir.

Pero Steve Jobs se mantuvo fiel a sí mismo. Sin botones. Cuando se lanzó el iPhone, el 9 de enero de 2007, Apple fue la primera gran empresa en reinventar el diseño sin botones. Combinó la tecnología con el arte. Diez años más tarde, en el cuarto trimestre de 2016, BlackBerry cayó a 0.0 de participación en el mercado. Llévale una velita con flores... está muerto. Apple se convirtió en el jugador dominante.

Lo diferente triunfa a la hora de reinventar negocios y marketing. Lo maravilloso es que no tienes que ser distinto. Diferenciarse significa ser tú, por completo. Todos somos diferentes. Pero sólo notamos a las personas que aceptan plenamente quiénes son y lo expresan. No madures. Te lo ruego.

No digo que seas infantil, a menos que de verdad seas así. Digo que aceptes y abraces a tu niño interior. Apóyate en quien siempre fuiste... y sigues siendo.

Quiero que mis negocios crezcan, no que maduren. Si dejamos que nuestras empresas cumplan con todas las cosas *esperadas*, perdemos la capacidad de destacar en el mercado. Y, a su vez, perdemos la capacidad de expandir y aumentar los ingresos. Ésa es la gran ironía. Nos esforzamos para que nuestras compañías sean como cualquier otro negocio legítimo y terminamos atrofiando nuestro crecimiento al tratar de ser *legítimos*.

Pero tú no. Ya sabes lo que pasa. Ahora entiendes por qué hacer algo diferente es la clave esencial para llamar la atención. Y sabes que tu diferencia puede ser súper simple, un pequeño ajuste al *procedimiento operativo estándar*. Ahora tienes una estrategia probada para evaluar y experimentar tus ideas de marketing diferente. Ahora, en un instante, puedes ver cualquier marketing (el tuyo, el de tu competencia, el de alguien que trata de publicitarte algo) y saber si tiene la oportunidad de funcionar o no. Si falla la prueba DAD, fracasa. Así de simple.

Para que el marketing funcione, como siempre ha sido y siempre será, debe diferenciarse, atraer y dirigir de manera explícita. Hazlo y ganarás la recompensa. No lo hagas y sólo serás ruido de fondo.

Ya empezaste a trabajar tu músculo de marketing. Quizá llegaste a este libro con miedo al marketing o, al menos, con la sensación de que no tenías lo necesario para generar ideas. Ahora, ya sabes que eso es una tontería. Tus músculos de marketing se fortalecen con cada Experimento Sé diferente. Y, conforme intentes nuevas estrategias e implementes las ideas que funcionan, tu confianza crecerá con tu negocio. Estarás mucho menos preocupado por lo que piensan otras personas y mucho más preocupado por cómo piensan las personas adecuadas (y qué las hace poner atención, desear y actuar).

Podrás calcular mejor el riesgo y aprovechar oportunidades que antes tal vez no. Tendrás esa arrogancia que viene de saber que controlas el crecimiento de tu negocio. Puedes subir o bajar el dial a voluntad. El flujo de clientes potenciales depende por completo de ti.

Cuando la gente nos dice que "maduremos", a veces el motivo detrás de eso es hacer que aceptemos una realidad que no se alinea con nuestros valores. ¿Por qué querríamos hacer eso? Tengo la misión de erradicar la pobreza empresarial. Tú también estás en una misión. No podemos aceptar nada como el *statu quo*. Esto puede molestar a la gente, pero debemos ser fieles a quienes somos.

Y a veces, sólo a veces, cuando las personas dicen que "maduremos" es porque tienen miedo. Se dan cuenta de que perdieron la conexión con su verdadero yo. O sienten que viven con miedo, en lugar de expresarse. Estas personas quieren que *madures* para que las sigas u obedezcas. Quieren que dejes de ser notado para que no se sientan mal por no ser notadas.

El marketing no sólo ocurre en los negocios. Sucede con organizaciones sin fines de lucro, en política y en la escuela. Y algunas misiones de *marketing diferente* llevan mucho tiempo, pero eso no significa que no valgan la pena. En un juego de futbol americano de la temporada 2016, Colin Kaepernick, de los 49 de San Francisco, se arrodilló durante el himno nacional en lugar de ponerse de pie con la mano sobre el corazón, como es tradición. Eso fue diferente. Tuvo la idea de un veterano que explicó que es una tradición militar arrodillarse ante la tumba de un soldado caído. Allí hay simetría, ya que es común en las ligas deportivas juveniles que los jugadores se arrodillen cuando uno de sus compañeros se lesiona en el campo. Kaepernick razonó que esto sería lo suficientemente diferente como para llamar la atención de la nación sobre un tema importante que sentía que se estaba ignorando y honró a los hombres y mujeres caídos que han perdido la vida a causa de la brutalidad policial. Su objetivo de *marketing* era crear conciencia. Su método de *no madurar* fue una resistencia seria y madura ante la conformidad.

Excepto que no la recibieron como esperaba. Muchos fanáticos, dueños de equipos de la NFL y políticos lo atacaron. La NFL prohibió arrodillarse durante el himno nacional y, para 2017, los 49 sacaron a Kaepernick del equipo. Pasaron tres años y en 2020, después de la muerte de George Floyd, la NFL se retractó de sus declaraciones anteriores. El comisionado de la NFL Roger Goodell dijo: "Nosotros, la Liga Nacional de Futbol Americano, admitimos que nos equivocamos por no escuchar a los jugadores de la NFL antes. Ahora, alentamos a todos a hablar y protestar de forma pacífica". Algunos argumentan que, como Kaepernick sigue fuera desde 2016, no valió la pena, que sus esfuerzos no funcionaron. Yo diría que sí funcionaron. Al final, su estrategia diferente mostró el poder de la protesta pacífica. Fue diferente de todos los demás, por eso se notó.

Lo diferente siempre gana. Si sabes que es lo correcto, apégate a ello de forma implacable.

No te rindas al mar de la igualdad. No cedas a lo moderno, las mejores prácticas, los estándares de la industria o la justificación de que *todos lo hacen*. Sabes que la clave del marketing es ganar el parpadeo y lo diferente te llevará a donde necesitas.

No renuncies a tu misión. No traiciones tus principios. No renuncies al crecimiento que deseas para tu negocio. No renuncies a tus sueños. Usa el marketing Sé diferente para conseguirlo.

Cuando mi hijo Jake se postuló para mi amada *alma mater*, Virginia Tech, lo pusieron en lista de espera. Es como despedir con amabilidad a alguien en vez de correrlo (incluso antes de que empiece el trabajo). Jake no aceptó esa decisión. Sabía que era uno de muchos solicitantes y decidió hacer algo diferente que llamaría la atención del departamento de admisiones. Creó una enorme cartulina que mostraba todas las razones por las que debería ser aceptado y la envió por correo postal a Virginia Tech.

Poco después, recibió una llamada del decano de admisiones. "En mis 25 años en este trabajo, nunca había recibido una cartulina como ésa. No prometemos nada, pero reevaluaremos nuestra consideración." *Reevaluaremos nuestra consideración.* Funcionó lo diferente. Lo diferente siempre gana.*

Si crees en ti y en tu negocio, apégate a él. Si sabes que es la mejor solución, apégate a ella. Debes destacar. Tienes la responsabilidad de llamar la atención. Es el primer paso y el más necesario para servir.

Cuando estaba en Berlín, abrí una galleta de la suerte y el mensaje decía: "Sé **negrita**, sé *cursiva*, pero nunca seas regular". Lo guardo como un recordatorio para seguir practicando el ser diferente, trabajando el músculo del marketing e intentando dominar los milisegundos. Todos necesitamos recordarlo porque el deseo de

---

* Al final, Jake eligió ir a Rutgers. El *marketing* de Jake lo puso en el asiento del conductor. Eligió una escuela que le encanta. Jake ganó. Rutgers ganó. Y siento que VT perdió. Lo siento, Tech.

encajar es fuerte y tiene el atractivo de ser más fácil. Ser diferente es la amplificación en negrita (y cursiva) de tu idiosincrasia, de tu yo auténtico. Por eso es mejor y siempre gana.

Si pudiera insertar mi mensaje en las galletas de la suerte en todo el mundo, si estuviera seguro de que aterrizaría en tu plato después de la comida, diría: "Deja que tu negocio crezca, no que madure". Toma lo aprendido en este libro y sueña más grande. Ahora que sabes cómo llamar la atención de las personas adecuadas, el cielo es el límite.

¿Qué harías si estuvieras seguro de conseguir todos los clientes potenciales que necesitas cuando los quieras? ¿Qué pasaría si pudieras superar las expectativas razonables y sólo deslizarte sobre ellas hacia la estratosfera de posibilidades? ¿Qué harías? ¿Qué crearías? ¿Qué innovarías? ¿Cómo servirías?

Ya no estás en la base de la montaña tratando de encontrar el mejor camino hacia la cima. Al leer este libro y probar tus Experimentos Sé diferente, al comprometerte a ser diferente de forma auténtica, ya estás allí, en la cima. Y la vista es diferente. Puedes ver a kilómetros. ¿Qué hay en el horizonte para tu negocio?

Sea lo que sea, sé que tú puedes. Eres diferente y apuesto por ti. Mucho.

Entonces, ¿qué te parece? ¿Estás listo para diferenciarte?
Es tu turno.

Apéndices

Apéndice I

El Proceso de Marketing Sé diferente te guía a través de los experimentos, modificaciones de variables y la implementación de un experimento exitoso como un plan de marketing.

PROCESO DE MARKETING SÉ DIFERENTE

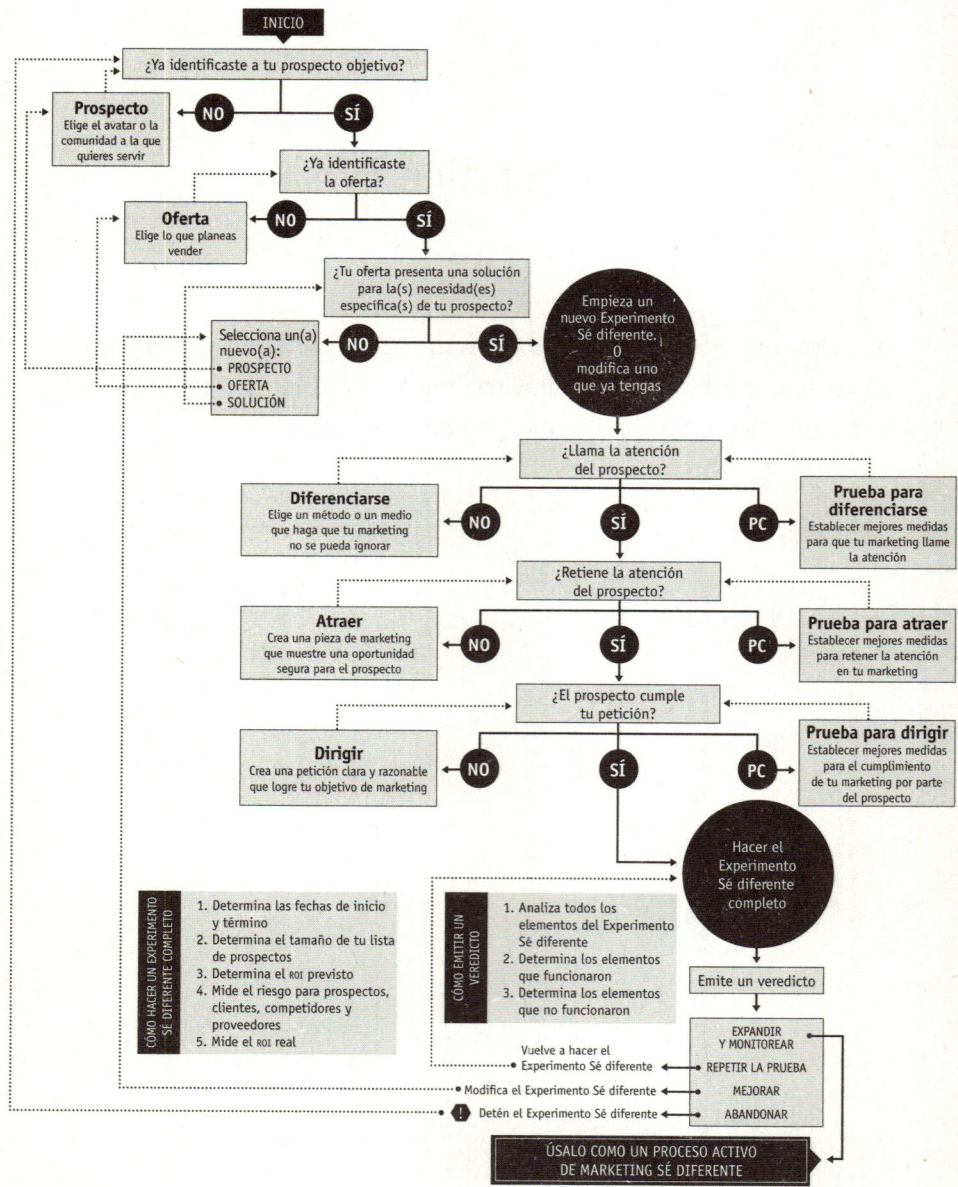

El proceso de Marketing Sé diferente

Apéndice II

La Estrategia expandida DAD de marketing muestra las etapas del marketing de milisegundos. Primero debes diferenciarte para llamar la atención del prospecto. Este momento dura alrededor de una décima de segundo, más rápido que un parpadeo. Luego debes atraer al prospecto para retenerlo. Necesitas mostrar y seguir demostrando que la oportunidad que ofrece poner atención es mejor que abandonar tu marketing. Sólo captarás al prospecto mientras valora y observa una oportunidad. En la etapa final, diriges al prospecto a que realice una acción. Para que se sienta casi obligado, debe ver que la oportunidad de cumplir tu petición sobrepasa el riesgo.

	DIFERENCIARSE	**ATRAER**	**DIRIGIR**
OBJETIVO DE MARKETING	La atención del prospecto	La retención del prospecto	El cumplimiento del prospecto
VELOCIDAD DE DECISIÓN	1 décima de segundo	Acumular incrementos de ¼ de segundo	¼ de segundo
PUNTOS DE FRACASO	Amenaza conocida = Evitar Irrelevancia conocida = Ignorar	Nueva amenaza = Evitar Nueva irrelevancia = Ignorar	Petición irrazonable = Evitar
PUNTOS DE ÉXITO	Oportunidad conocida = Retención del cliente o Desconocido e inesperado = Retención del cliente	Nueva oportunidad = Consideración del prospecto	Petición razonable = Cumplimiento por parte del prospecto

La Estrategia Expandida DAD *de Marketing*

Apéndice III

El Formulario del Experimento Sé diferente. Realiza cada experimento de marketing usando esta herramienta y después emite un veredicto. Cuando identifiques un experimento de marketing que puedas expandir y monitorear, significa que encontraste algo para implementar en tu plan de marketing.

FORMULARIO DE EXPERIMENTOS
SÉ DIFERENTE

PARA _____
FECHA _____ PRUEBA # _____

PASO 1: OBJETIVO

QUIÉN
¿Quién es el prospecto ideal?
_____

QUÉ
¿Qué oferta les ayuda más?
_____

RECOMPENSA
¿Cuál es el resultado que quieres?

PASO 2: INVERSIÓN

VVC DEL CLIENTE: _____
El típico valor de vida (ingresos) de un cliente.

TASA DE CIERRE PROBABLE: _____ **DE CADA** _____
La tasa de cierre probable de prospectos, por ejemplo 1 de cada 5.

INVERSIÓN POR PROSPECTO: _____
La cantidad de dinero que estás dispuesto a arriesgar para conseguir un prospecto.

NOTAS:

PASO 3: EXPERIMENTACIÓN

MEDIO: _____
¿Qué plataforma de marketing usarás? Por ejemplo, sitio de internet, correo electrónico, correo directo, espectacular, etcétera.

IDEA:

¿CUMPLE LA ESTRATEGIA DAD?

☐ **DIFERENCIARSE**
¿Tu idea no se puede ignorar?

☐ **ATRAER**
¿Es una oportunidad segura?

☐ **DIRIGIR**
¿Es una petición específica y razonable?

PASO 4: MEDICIÓN

INTENCIONES	RESULTADOS
FECHA DE INICIO: _____	FECHA DE TÉRMINO: _____
# DE PROSPECTOS PREVISTOS: _____	# REAL DE PROSPECTOS: _____
RETORNO PREVISTO: _____	RETORNO REAL: _____
INVERSIÓN PREVISTA: _____	INVERSIÓN REAL: _____

OBSERVACIONES:

VEREDICTO {
- **EXPANDIR Y MONITOREAR** — Usarla como una estrategia continua
- **REPETIR LA PRUEBA** — Probar con una nueva muestra
- **MEJORAR** — Corregir e intentar de nuevo
- **ABANDONAR** — Empezar un experimento nuevo

El Formulario del Experimento Sé diferente

Apéndice IV

Esta herramienta te ayudará a refinar lo que te hace diferente (o a tu organización) a los ojos de tus clientes y contactos.

ENCUENTRA TU DIFERENCIADOR

FECHA _____ PRUEBA # _____

PASO 1: ENCUÉNTRALOS

RELACIONES/CONTACTOS:

DE 0 A 1 AÑO	DE 1 A 10 AÑOS	MÁS DE 10 AÑOS
1.	5.	9.
2.	6.	10.
3.	7.	11.
4.	8.	12.

INSTRUCCIONES: Identifica a 12 personas que te conozcan bien (o a tu compañía). Cuatro personas deben ser relaciones nuevas, es decir, menores a un año. Las siguientes cuatro deben conocerte (o a tu compañía) por más de un año, pero menos de 10. Y el último grupo son personas que te conocen (o a tu compañía) desde hace 10 años o más. No necesitas estar en comunicación activa o en una relación con estos individuos, pero sí necesitas una forma de estar en contacto con ellos.

PASO 2: PIDE

ENVÍALES ESTE MENSAJE:

Mi asesor de negocios me dejó una tarea que necesito completar de inmediato. Me pidieron seleccionar a alguien que me conozca bien, ¡así que me encantaría que me ayudaras! Necesito saber cuál crees que es mi factor diferenciador: algo que hago mejor o diferente que los demás. Tu respuesta no tiene que ser larga. Con una oración es suficiente. Usaré tus comentarios para mejorar la posición de mi negocio. ¡Muchas gracias!

☐ 1 ☐ 2 ☐ 3 ☐ 4 ☐ 5 ☐ 6 ☐ 7 ☐ 8 ☐ 9 ☐ 10 ☐ 11 ☐ 12

INSTRUCCIONES: Envía este mensaje a cada uno de los 12 contactos que enlistaste arriba. Si estás tratando de identificar la singularidad de tu compañía en vez de la tuya, cambia el texto para que diga: "Me pidieron seleccionar a alguien que conozca bien mi empresa" y "Necesito saber cuál crees que es el factor diferenciador de nuestra compañía".

PASO 3: ORDENA

ORDENA LOS COMENTARIOS:

1	2	3

INSTRUCCIONES: Necesitas al menos 10 respuestas para que este ejercicio sea efectivo. Si no alcanzas esa cantidad, envía más mensajes. Revisa las respuestas que recibiste de los contactos. Identifica las tres observaciones más comunes sobre tu factor diferenciador. Escríbelas en las líneas de arriba, una en cada línea.

PASO 4: REFÍNALO

TU DIFERENCIADOR:

1. _____
   _____ Adjetivo 1: _____
2. _____
   _____ Adjetivo 2: _____
3. _____
   _____ Adjetivo 3: _____

INSTRUCCIONES: Con el top tres de factores diferenciadores identificados en el paso 3, escribe los tres grandes temas que observas en las respuestas. Dale a cada tema la frase corta y el adjetivo que mejor lo ejemplifique. Escribe con tus palabras de qué manera estos temas pueden diferenciarte al comunicarte con los prospectos.

Descubre tu diferenciador

Nota del autor

Gracias por leer *Sé diferente*. Deseo que este libro te ayude a alcanzar los objetivos empresariales (y de vida) que visualizas. Es un honor ser parte de tu viaje de marketing.

Quiero pedirte un favor: ¿podrías publicar una reseña honesta de *Sé diferente*?

Te lo pido porque las reseñas son la forma más efectiva para que otros empresarios, dueños de negocios, líderes y profesionales descubran el libro y determinen si les será útil o valioso. Tu reseña, incluso de una o dos frases, lo logrará.

Para hacerlo, sólo ve al sitio de internet (o a la página de la tienda) donde lo compraste y manda tus comentarios.

Una vez más, sólo busco retroalimentación honesta.

Gracias por considerarlo. Y gracias por ser parte de mi viaje de marketing.

Mike

Agradecimientos

Cuando me propuse escribir mi primer libro, pensé que era similar a moldear una escultura a partir de un trozo de arcilla. Reflexionando, es más como formar piezas de joyería fina a partir de bloques de mármol (que son del tamaño de una casa). Se requiere precisión y perfección en todo momento, y la perseverancia es todo.

Mientras creábamos *Sé diferente,* dejé caer trozos de mármol y luego AJ Harper los transformó en coronas y anillos perfectamente ajustados. En verdad siento que este libro es lo mejor de nuestra asociación de 14 años. También me sentí así sobre nuestro trabajo anterior, *Un paso a la vez.* Y me sentí igual con *El Sistema Clockwork* antes de eso y *La ganancia es primero* antes de eso. Cada libro es incluso mejor que el anterior, en mi opinión. Ésa es mi definición de una asociación extraordinaria. Gracias por tu increíble arte y esfuerzo, AJ. Y gracias, aún más, por tu maravillosa amistad.

Durante 15 años y contando he trabajado con otra artista, Liz Dobrinska. La portada de este libro es el resultado del trabajo de Liz. Los gráficos incluidos en el libro, los sitios de internet que lo acompañan y todos los gráficos que ves o con los que interactúas son obra de Liz. Quiero agradecerte, Liz, por elegir trabajar conmigo día tras día. Te llamaré en unos 15 minutos.

Gracias a Noah Schwartzberg, mi editor. No puedo decir lo suficiente sobre trabajar contigo. Sólo puedo suponer que soy *diferente* de algunos autores, ya que en vez de pedirme pruebas y validaciones de, bueno, todo, viste el valor en el proceso.

Docenas de cubiertas probadas y validadas. Innumerables títulos, subtítulos y copias de lectores avanzados, todos probados y validados. Con tantos datos y el sinfín de ideas de AJ y mías, te aseguraste de que este libro sirviera a los emprendedores de la mejor manera posible. Y nunca, ni por un segundo, perdí mi voz. Gracias por unirlo todo.

Quiero agradecer a Justin Wise, mi socio en The Different Company,* la organización de servicio detrás de este libro. Su aportación ha sido y sigue siendo excelente. No sólo proporcionó comentarios sobre el libro, sino que fue un innovador del sistema en sí. Gracias por enseñar a los emprendedores a Diferenciarse años antes del lanzamiento de este libro. ¡Esta cosa funciona y lo probaste!

Detrás de cámaras hay todo un equipo que trabaja de forma incansable para simplificar el viaje empresarial. Gracias a Kelsey Ayres, nuestra presidenta, por liderar nuestra misión de erradicar la pobreza empresarial. Gracias a Amy Cartelli por hacer todo necesario para que avancemos. Gracias a Jenna Lorenz por ser la voz de nuestra marca. Gracias a Jeremy Smith por mantener al mundo digital al tanto de todo lo que sucede, todos los días. Gracias a Erin Chazotte por asegurarse de que estoy donde necesito estar justo cuando debo estar allí. Gracias a Adayla Michalowicz. Esa niña pequeña con la alcancía ahora es una mujer adulta que está cursando una maestría (y gestiona la comunicación con los lectores y a veces se encarga de la cuenta de Instagram). Y gracias a nuestro novato, Cordé Reed, por servir a nuestra comunidad de expertos para que ellos, a su vez, puedan servir a los emprendedores.

También quiero agradecer a Armando Perez Jr. de Hoosier Security y CCTV Dynamics. Tu historia es poderosa y encontrará su lugar

---

* Si quieres asegurarte de hacer lo correcto con *Sé diferente*, te animo a que utilices nuestros servicios de asesoría y formación en differentcompany.co. Ten en cuenta que es un punto CO y no un punto COM. Los punto COM también son, ya sabes, normales.

en uno de mis libros, lo juro. Gracias por permitirme entrevistarte una y otra vez. Ves, estás en este libro. Te lo dije.

Gracias a ti. Tu trabajo sirve a la economía global. Tu éxito es el del mundo.

P. D.: Gracias a mi agente. Stephen King estaría impresionado.

Sé diferente de Mike Michalowickz
se terminó de imprimir en el mes de abril de 2022
en los talleres de Diversidad Gráfica S.A. de C.V.
Privada de Av. 11 #1 Col. El Vergel, Iztapalapa,
C.P. 09880, Ciudad de México.